マイナビ新書

なぜ日本人は神社で祈るのか

島田裕巳

マイナビ新書

はじめに

神社とはいったいどういうものなのでしょうか？

私たち日本人も、分かっているようで分かっていないかもしれません。いったい仏教のお寺と神道の神社はどう違うのか。そこからして分からないという方もおられるでしょう。それは、そう感じる人に知識がないということではなく、歴史的に神社とお寺が深くかかわってきたため、区別するのが難しいのです。

神社のシンボルが鳥居ですが、お寺に鳥居が建っているところもあります。大阪の有名なお寺、聖徳太子ゆかりの四天王寺がその一つです。逆に、神社の境内にお寺があるのは昔は当たり前の光景でした。そのような歴史的な事実を考えてみても、神社をどのように見ていくのか、いろいろと難しい問題が生まれてきます。

最近ではインバウンドということで、海外の人たちも日本国内にある神社を訪れるようになってきました。外国人の目から見れば、それぞれの国には神社などないので、目新しさを感じるはずです。さらに言えば、独特の魅力を放っているように見えるかもしれません。

神社というものが日本に特有のもので、他の宗教にはないものだとすると、神社を見ていくことによって、日本人とはどういう存在なのかも分かってくるのではないでしょうか。

私たちが日常の暮らしの中で、さまざまにかかわる神社がいったいどういうものなのか。なぜ、日本人は神社で祈るのか。それを考えることが、この本の目的です。神社にはいったいどういう魅力があり、どういう意味があるのか。本書を通して、それを認識していただければ幸いです。

なぜ日本人は神社で祈るのか

目次

第2章　祈りの対象としての日本の神々

第3章　祈りは神との出会い

第4章　神社の歴史

第5章　お寺と深く結びついた神社

第6章　なぜ日本人は神社で祈るのか

第1章

日本人が祈ってきた神社

1　さまざまな形態をとる神社

神社神道として

神社は、神道の施設になります。神道というものがどういうものか、これを説明していくのもなかなか難しいところがあります。なぜなら、神道にはそれを唱え始めた創唱者というものがおらず、教えがないからです。教えがないため、聖典や教典もありません。

明治以降の神道の分け方として、「神社神道」と「教派神道」という区別がありました。教派神道は「宗派神道」という言い方もされましたが、教団を組織している神道のことを教派神道と言いました。

教派神道にあたる教団は、数が次第に増えていきましたが、最終的には「神道十三派」にまとめられました。皆さんもご存知の出雲大社では、明治になってから出雲大社教という教団が作られます。これが教派神道の一つでした。出雲大社教は日本最大の信者数を誇っていた時期もあって、今でも分祀《ぶんし》が各地にあります。東京では六本木にあります。

他に著名な教派神道としては天理教や金光教があります。戦前の天理教は出雲大社教に匹敵するほどの大教団になり、各地に天理教の教会が生まれました。奈良県の天理市には天理教の教会本部がありますが、市の名前に宗教団体の名前がついているのは天理市だけです。金光教の場合にも、金光町（岡山県）という形で町の名前に金光教の名前がつけられていました（現在は合併して浅口市金光町）。ただ、本書では、教派神道については扱わず、主に「神社神道」について解説していきます。

海外にもある神社

日本にしか神社がないのかといえば、必ずしもそうではありません。海外にも神社はあります。どういうところにあるかというと、日本人が移民して日系人が多く暮らすハワイ、あるいはアメリカ本土、それからブラジルには現在でも神社が鎮座しています。

ハワイにあるハワイ大神宮の場合には、「これは神社なのか？」と思われるかもしれません。キリスト教の教会に似ているからです。そういう神社が日系人社会の中で現在でも祀られています。その点では、日本以外に神社がまったくないわけではないのです。

戦前の日本は大日本帝国として海外に植民地を広げていき、植民地にも神社が建てられました。台湾には、官幣大社として台湾神社が創建されました。当時の写真を見ると、相当に立派な神社であったことがわかります。社殿は伊勢神宮と同じく神明造《しんめいづくり》になっています。朝鮮半島にも、やはり官幣大社として朝鮮神宮が創建されました。長い階段があり、かなりの規模を誇っていました。ただし、戦争が終わった1945年11月17日には廃社になっています。

ハワイ大神宮

ビルの上に鎮座する銀座の神社

国内にある神社は、実に多様な形をとっています。例えば銀座に朝日稲荷神社があるのですが、ビルの屋上に社殿が建っています。以前は「大銀座祭り」という行事があって、銀座通りをパレードしていました。その際に「銀座八丁神社めぐり」という行事も行われました。これは、銀座に鎮座している神社を回るスタンプラリーで、朝日稲荷神社もその中に含まれていました。大銀座祭りは１９９９年で終わり、それ以降開かれていませんが、神社めぐりの方は最近復活し、11月の頭に開かれています。

朝日稲荷神社は、以前は2階建ての駐車場になっていて、２階部分に社殿が鎮座していました。駐車場だった時代は、そこから上がる収入が神社を支えていたのですが、それだけでは足りなかったのでしょうか、１９８３年にビルに建てかえられ、そのテナント料が朝日稲荷神社を支える仕組みが作り上げられました。

面白いのは、１階部分に拝殿があり、拝殿の上部にはパイプがあって、それが屋上につながっていることです。屋上には本殿があるわけで、下の拝殿で拍手を打つと、その音が本殿の祭神に届くようになっています。

こちらは最近創建されたものですが、ギンザコマツ（以前の小松ストアー）というファッションビルの屋上には、神社の中で一番古い形式を保っていると言われる奈良県の大神神社《おおみわ》から勧請《かんじょう》して、大神神社が祀られています。興味深いことに、そこには社殿が建っていません。奈良の大神神社の形式に則って、鳥居を3つ組み合わせた三ツ鳥居が建っていて、その奥には小さな岩が鎮座しています。

神社というものは、磐座《いわくら》という岩に対する信仰がもっとも古いものです。奈良の大神神社の神体山である三輪山には多くの磐座があり、それを模した形式がとられているのです。銀座のど真ん中に、神社の一番古い形式が復元されているというのは、なかなか興味深いことです。

伊勢神宮と式年遷宮

銀座の朝日稲荷神社やギンザコマツの大神神社は小規模なものですが、一方で大規模な神社もあります。その代表となるものが伊勢にある伊勢神宮です。伊勢神宮は通称で、正式には「宗教法人神宮」といいます。内宮《ないくう》と外宮《げくう》、あるいはさまざまな別宮や摂社末社があって、全体では125社からなっています。

その社殿全体を建て替えるのが「式年遷宮」で、それは伊勢神宮の大きな特徴になっています。次の式年遷宮は2033年に行われますが、その作業は2025年から始まることになります。それだけの数の神社があるわけですから、一度に全部を建て替えるわけにはいかず、順番に行われることになります。内宮へ行くための宇治橋も架け替えられるのですが、こちらは2033年の前に行われます。

式年遷宮は大変にお金のかかる行事です。前回、2013年の式年遷宮では558億円かかりました。その前、1993年の遷宮のときには330億円で、さらにその前の1973年は60億円ほどでした。

最近では、神社関係の建築費用が高騰しています。伊勢神宮が発表したところでは、次回の式年遷宮では、今まで以上に贅《ぜい》を凝らして立派なものにしたいとのことです。そうなると、費用もさらに高騰することが予想され、1000億円かかっても不思議ではありません。

それだけの費用を伊勢神宮が賄えるのか不安になってきますが。強気の発言が出るということは、2013年の式年遷宮が行われたときに大ブームが起こったからかもしれません。年間で1400万人の人たちが伊勢神宮を訪れ、それ以降も参拝者がかなりの数に上っていますから、潤沢な資金ができたと考えられるのです。

出雲大社の「平成の大遷宮」

2013年には、出雲大社でも「平成の大遷宮」が行われました。こちらの場合は、社殿を全部建て替えるわけではなく、屋根をふき替えることが中心でした。出雲大社も遷宮によって、非常にきれいな美しい姿を取り戻しました。出雲大社の遷宮は60年前に行われていて、たまたま今回も伊勢神宮の式年遷宮と重なったのです。次の出雲大社での遷宮が60年後に行われるかどうかは、今のところ分かりません。

実は、出雲大社には秘密があります。本殿の中に社《やしろ》があるのです。社があるということは、社殿が境内と同じものになっているということです。今は違いますが、昔は本殿の中に出雲大社の神職の人たちが入って、その社の前で祭祀を行っていました。

遷宮の作業が進む中で、どの程度作業が進んだか、毎年時期を決めて公開されていました。私もそれを見に行ったのですが、その前の年には、見学者に社が見えたようです。現在では、出雲大社の神職の頂点にある出雲国造《こくそう》しかそれを見ることができません。その点で、次の遷宮が待たれるのですが、60年後だとしたら、

出雲大社 本殿

私は魂になって見るしかないでしょう。

最古の大神神社

先ほど少し触れましたが、奈良県の大神神社は、神社のもっとも古い形式を残していると言われています。その理由は、いまだに本殿がないところに求められます。拝殿も鎌倉時代の終わりまで建てられませんでした。それ以前には鳥居しかなかったのです。鳥居の背後にあるのが神体山となる三輪山ですが、三輪山は禁足地になっていて足を踏み入れることができません。ただ、山頂には奥宮が鎮座しているため、現在では、そこに行くための道だけはのぼることが許されています。

大神神社の場合、もともと三輪山の中にある磐座が祭祀をする場所になっていました。鳥居も後になって建てられたもので、社がないことは平安時代の書物にも書かれています。大神神社については第４章で詳しく触れます。

伏見稲荷大社の千本鳥居

特徴的な神社としては、京都の伏見に伏見稲荷大社があります。そこには稲荷山があるのですが、千本鳥居が建っています。鳥居は神社が建てたものではなく、信仰のある一般の方たちが奉納したものです。絶えず建て替えられていて、古くなると撤去され、新たな鳥居が奉納されます。

大きな鳥居になれば、奉納にかなり費用や時間がかかると思われますが、小さな鳥居になると無数に奉納されています。それには必ず、いつ奉納されたかが奉納者の名前とともに記されています。

千本鳥居は非常に珍しいものなので、外国の方にも興味を持たれているわけですが、実はそれほど古いものではありません。伏見稲荷大社自体は古代からありますが、時代とともにその姿を大きく変えてきています。千本鳥居の始まりについては第3章で触れることにします。

2　自然と深くかかわる神社

都の中にある日本の古代寺院

神社の特徴は、自然と深い結びつきを持っているところに求められます。それは、他の宗教の施設と比較すると、よく分かってきます。

まずは仏教のお寺ですが、奈良の斑鳩には有名な法隆寺があります。中心となるのは金堂です。金堂とは本堂のことです。本堂に本尊が祀られていて、そこでさまざまな儀式が営まれます。金堂には本尊として釈迦三尊像が祀られています。それは法隆寺が創建された当初からあるもので、古風な様式の仏像で、アルカイックスマイルを浮かべているとされています。法隆寺には他にも、国宝に指定されている多くの仏像があります。法隆寺を訪れたとき、私たちは、そうした貴重で美しい仏像に接するわけですが、そこに広がった自然に親しむとか、自然を愛でるということは、あまりありません。

もちろん、自然に恵まれているお寺もあります。桜や紅葉で知られていたり、花の寺と呼ばれているようなところもあるのです。

しかし、法隆寺は昔都があった斑鳩の地にありますが、必ずしも自然豊かな場所というわけではありません。奈良時代に生まれた東大寺、興福寺、薬師寺なども同様で、そうしたお寺は平城京という都会の中に建てられたものです。これが中国になると、その多くが山の中にあります。天台山や五台山など、世俗の世界から離れたところで修行をするために山中にお寺が設けられたのです。

日本でも、平安時代になると、天台宗の総本山である比叡山延暦寺や真言宗の総本山である高野山金剛峯寺のように、山の中にお寺が設けられるようになります。それでも、真言宗を開いた空海が拠点としたのは、平安京にある東寺（教王護国寺）でしたから、こちらも奈良のお寺と同様に都会の中にあったことになります。

自然との結びつきのない教会・モスク

次に教会ですが、キリスト教が広がった地域には壮大な教会が建っています。東方正教会の教会になると建物自体は非常に立派なもので、そこではカトリック以上に荘厳な儀式が営まれることになりますが、教会の自然環境ということは問題になってきません。それは、正教会だけではなく、カトリックの教会でも、プロテスタントの教会でも同じです。

修道院になると、都会から離れた場所に設けられることがありますが、それは、世俗の世界と隔絶した空間を確保するためであって、自然との結びつきを持とうというわけではありません。豊かな自然に恵まれた教会や修道院というものは、ほとんど存在しないのではないでしょうか。

それはイスラム教のモスクについても言えます。例えば、トルコのイスタンブールはかつてコンスタンティノープルと呼ばれ、キリスト教の正教会の拠点でしたが、オスマン帝国によってビザンツ帝国が倒された後、イスラム教が進出し

ウクライナ正教会の大聖堂

ました。

その結果、正教会のほうがモスクに転用されたりしたのですが、建物の周囲に塔を建てるなど、モスクらしい建物に変わりました。そうしたモスクも自然との結びつきはありません。

イスラム教の聖地であるサウジアラビア。メッカにあるマスジド・ハラームもモスクで、屋上にはありますが、全体は人工の建築物になっています。

自然と深くかかわる神社

神社の場合、室内だけではなく、屋外でも礼拝が行われます。

神社でも、「正式参拝（昇殿参拝）」となると、参拝者は拝殿の中に入り、神職にお祓いをしてもらった上で玉串を捧げます。けれども、正式参拝でなければ、一般の参拝者は屋外で礼拝をする形になります。

神社では本殿に神が常駐していると考えられています。その神に向かって、拝殿から礼拝をするのです。ただ、大昔からそうした形がとられていたのかと言えば、そうではありません。神社の歴史については、第4章で詳しく述べることになりますが、中世以前には、この場合の中世とは平安時代の終わりからになりますが、社殿というものはなかったのです。

では、社殿がなければ、古代の人々はどこで神に対して礼拝していたのでしょうか。それは、すでに述べたように、磐座であったり、磐座のある神体山においてでした。

礼拝の対象になる神にしても、山や海などの神であり、自然を象徴する存在に向かって礼拝が行われてきました。神社において鎮守の森が形成されるのも、そうしたことが深く関係しています。

神社の大きな特徴は、自然と深い結びつきを持っていることにあります。その点において、神社は他の宗教の礼拝施設とは大きく異なっているのです。

3　海外の知識人から神社はどのように見えたのか

2人の外国人の見方の違い

神社には、自然と深く結びついているという特徴があるわけですが、では、そうした神社は海外の人にどのように受け取られてきたのでしょうか。ここでは、明治時代に来日した二人の外国人を取り上げることにしましょう。

平川祐弘・牧野陽子による『神道とは何か　小泉八雲のみた神の国、日本』（錦正社）という本では、有名な小泉八雲（ラフカディオ・ハーン）の神社に対する見方が取り上げられています。

その際、八雲と比較されているのが、バジル・ホール・チェンバレンというイギリスの日本研究家です。チェンバレンは、東京大学、当時の東京帝国大学で教えた経験を持っています。明治に帝国大学が誕生すると、多くの外国人教師が雇われました。それまで、江戸幕府の学問と言えば、儒学が中心だったのですが、明治になり、近代化が急務ということになると、日本は儒学を捨てて、西洋の学問を積極的に取り入れました。当然、それを教えられる日本人がいなかったわけで、そのために外国人教師が雇われたのです。チェンバレンはその一人であり、なんと38年間にわたって日本に滞在しました。

小泉八雲の方は、ラフカディオ・ハーンがもともとの名前ですが、ギリシャ生まれのアイルランド系の新聞記者で、さまざまな経緯があって日本にやってきました。日本人女性と結婚して日本国籍を取得し、小泉八雲と改名しました。

この2人の神社についての見方の違いが、『神道とは何か』の中で述べられているのですが、チェンバレンの見方は、『日本事物誌』という本の中に示されています。

チェンバレンの『日本事物誌』

チェンバレンは、そこで、「神社の社殿は、原始的な日本の小屋を少し精巧にした形である。神社は茅葺《かやぶき》の屋根で、作りも単純で、内部は空っぽである」「観光客がわざわざこの神道の宮（伊勢神宮）を訪れて得るものがあるかといえば大いに疑わしい。檜の白木、茅葺の屋根、彫刻もなく、絵もなく、神像もない。あるのはとてつもない古さだけだ」と言っています。

確かに他の宗教、特にチェンバレンの場合はキリスト教になるわけですが、キリスト教の教会は石造りで豪勢な造りになっています。立派な屋根もあり、塔が建っていたりもします。教会の中にはイエス像やマリア像などの彫刻があり、さまざまな絵も掲げられています。たしかにそれと比較してみるならば、チェンバレンが伊勢神宮を訪れたとき、今引用したような「空っぽである」という感想を抱くのももっともなことかもしれません。チェンバレンは、神社に対して空虚なものを感じたのです。

チェンバレンは、神道についても、次のように述べています。「神道は、仏教が入ってくる前の神話や漠然とした祖先崇拝と自然崇拝に対して与えられた名前である。しばしば宗教として言及されているが、その名に値する資格がほとんどない。神道には、まとまった教義もなければ、神聖な書物も、道徳的規約もない」というのです。

たしかに、私が『［増補版］神道はなぜ教えがないのか』（育鵬社）で述べたように、神道の第一の特徴は「ない宗教」であるところに求められます。神道には創唱者がいませんし、創唱者がいないので教えがありません。教えがないということは聖典がないということであり、戒律もありません。さまざまなものがないというのが、神道の特徴で、チェンバレンもその点を指摘しているわけです。

神道についての昔の本ですが、ウィリアム・アストンの『神道』（青土社）という本があります。1905年に刊行され、日本語訳もあるわけですが、チェンバレンと同じように、神道は神々のイメージが希薄で道徳的規範がないことが指摘されています。道徳的規範があるかないかということを、海外の人たちが重要視していることが分かります。また、霊の概念の把握が定かでなく、死後の状態の認識もない、死後どうなるのかを神道はまともに説いていないことについて、批判的な形で捉えられています。

空虚の中の霊的なもの

一方で、小泉八雲は『旅の日記から』という書籍を書いていて、これも日本語の翻訳で読むことができます。そこで述べられていること自体、チェンバレンとは大きく違いません。八雲は、「数ある日本の美しいものの中でももっとも美しいのは、参拝のための聖なる高い場所に近づいていく道である、それはいわば無に通じる道、無に至る階段である」と述べています。チェンバレンの空っぽと、八雲の無は同じものを指しています。

さらに八雲は、「それを登って、登って、登りつめると、ついに灰色の鳥居の向こうに目指すものが現れる。小さな、中は虚ろの白木造りの社、神道のお宮である。荘厳な山道を長く歩いた後、静まり返った影の中で、私たちが受ける空虚な感じは、これこそ霊的なるものそのものである」と述べています。空虚という言葉を使っているところまではチェンバレンと共通しています。

ただし、チェンバレンの方は空虚な感じで終わってしまっているのに対して、八雲の方は、それこそが霊的なものであると積極的に評価しています。さすが紀行文などを数多く書いてきた人物であるだけに、八雲は、私たちが同じような情景に接したときに感じたことを、的確に表現しているようにも読めます。

古代的なもの

八雲は社についても、「人工的な彩色は一切施されていない。檜の白木は雨と日に晒され自然の灰色になる」と、やはりチェンバレンと同じようなことを述べています。

しかし、そこからが違います。八雲は、「田舎にポツンと凝りついた社は建具師のこしらえたものというより、風景の一部のように見える。岩や木と同じくらい自然と密接に結びついた田舎の姿（「ルーラル」と表しています）という感じがする。この国の古の神である大地神《おおつちのかみ》の顕示として存在するに至った何かであるように思えるのである」と述べ、そこに神の存在を感じているのです。
さらには、そのことに憧れさえ感じています。

私自身について言えば、私は一人で神社の社頭に立つと何か霊に取り憑かれるような感覚をいつも覚える。そして、そこに立ち現れる霊はいかなる知覚作用を持ち得るかと考えてしまう。すると、つい、こんなことを空想してみたくなるのである。自分がもし神となって出雲のどこか古い社に祀られて、丘の上で石の獅子に守られ聖なる社の影の中に住んだなら、どのように感じるだろうか、と。

八雲は、チェンバレンと同じものを見つつ、まったく違ったことを感じたわけです。果たして今の私たちはどちらの感覚を持つのでしょう。最近はスピリチュアルという言葉がよく使われていて、スピリチュアル・スポットとしての神社が注目されています。ということは、八雲と同じような感覚を持っているということになりそうです。

ギリシャ的でありアイルランド的である

八雲の場合には、ギリシャ出身のアイルランド人ということが背景にあります。ギリシャ出身であるということは、日本人と同様に多神教世界の感覚を持っているということです。一方、アイルランドはカトリックの国ですが、それ以前には土着のケルト文化があり、八雲もその影響を受けています。

フュステル・ド・クーランジュの『古代都市』という書物がありますが、その中で古代ギリシャやローマの先祖崇拝について書かれている部分があり、それは八雲が日本の先祖崇拝について述べていることとそっくりです。

一方で、ケルト文化について巧みに表現したのがアイルランドの国民作家と言われたウィリアム・バトラー・イエイツです。八雲とイエイツは同時代人で、八雲はイエイツの作品をよく読んでいました。

しかも八雲は、東京帝国大学でケルトの妖精文学についても講義を行っていました。こうしたキリスト教以前の土着の宗教文化が八雲の背景にあったことは非常に大きいことです。だからこそ八雲は神社のあり方の中に同じような要素を見出すことができたのです。

八雲という名前の由来

八雲は、もともとはパトリック・ラフカディオ・ハーンという名前でした。パトリックというのはアイルランドの守護聖人、聖パトリックにちなんだものです。キリスト教の聖人をもとにした名前を持つ人物が、「八雲」という名前に変わったのは、出雲の国の枕言葉である「八雲立つ」にちなんでいます。出雲大社の本殿の天井には八雲が描かれています。

4　壮大な森が形成された明治神宮

明治神宮の森

小泉八雲が神社において感じた霊的なものは、現在においても決して失われているわけではありません。それも、神社が依然として自然と深く結びついているからです。その実例として明治神宮のことを考えてみましょう。

皆さんも明治神宮に行かれることがあると思いますし、海外の人たちも数多く訪れています。社殿は立派な建物になっていますが、重要なのは、そこに鎮守の森が形成されていることです。

明治神宮も、その全体構造は、鳥居があって、参道があり、拝殿があって、奥に本殿があるという神社一般の形式に則って作られています。鎮守の森について

明治神宮

明治神宮の森

は、とても立派なものなので、明治神宮は大昔に建てられたと思われるかもしれません。しかし、明治天皇と昭憲皇太后が祭神ですから、創建されたのは明治天皇の崩御後、大正時代になります。

明治天皇の顕彰

明治天皇が亡くなった後、近代の日本社会を作り上げる上で非常に重要な存在であった天皇をどのように顕彰するかが問題になりました。まだ10代と若年で即位したわけですが、明治天皇は、大日本帝国憲法が制定され、日本が立憲君主制になった後、臣下の重臣たちが、憲法から外れた勝手なふるまいにおよんだ際には、それを諌めたといいます。憲法では、天皇は神聖な存在と位置づけられましたが、実際の政治においても重要な働きをしたことになります。

明治天皇が崩御された後に、明治という時代を築いた偉大な君主であるということで、記念事業の構想が持ち上がりました。すぐには神社を創建するということにはならず、銅像を建てるとか、記念館を作るとか、あるいは天皇にちなんだ文化施設を作るとか、さまざまな意見が出ました。次第に神社を創建するべきだという声が高まっていき、その段階では、日本各地で誘致活動が行われました。

大正3年に明治天皇の皇后である昭憲皇太后が亡くなると、それが本格化していくことになります。その際には、今一万円札になっている実業家の渋沢栄一が中心となって、明治神宮創建の構想が具体化されていくことになりました。

内苑と外苑の関係

明治神宮があるところが神宮内苑です。この内苑の方は国費によって建設されることになりました。一方、神宮外苑の方は献金によって造営することに決まりました。創建される場所が問題になりましたが、空いている土地ということで、内苑には代々木御領地（皇室の領地）が、外苑には青山練兵場が最適ではないかという話になりました。

神宮外苑には、当初の段階では、聖徳記念絵画館、葬場殿址記念物、陸上競技場といった施設を建設することが計画されました。その後、計画が変更され、野球場、水泳場、相撲場、絵画館が建設されることになりました。

花壇か杉林か

当時の代々木御領地は野放し状態になっていて、カラマツなどが生えていたのですが、ほとんど荒れ果てていました。そういう場所だったのです。

そのため、花壇を作るべきだという声もあがりました。あるいは、当時の大隈重信首相は、「藪はよろしくない、杉林にするべきだ」と言い出しました。大隈首相の念頭には、伊勢神宮や日光の杉林があったのですが。もし杉林になっていたら、明治神宮の光景は今とはまったく異なるものになっていたはずです。杉花粉の問題も生じていたかもしれません。

自然林を形成する計画

明治神宮を造る際に「明治神宮造営局」が組織されます。科学が進んだ時代であったため、そこには林学や造園にかんする専門家が集められ、彼らの手で造営の計画が立案されました。

その際には、非常に巧みな考え方が取られ、将来にわたって樹木がどう変遷していくかを予測した上で計画が立てられました。最初はさまざまな種類の木が植えられることになったのですが、そうした木々はどんどん成長し、それにともなって樹種の交替ということが行われるようになっていきます。当初は針葉樹も植えられたのですが、それに遅れて広葉樹が成長するようになり、最終的には、樫や椎、楠といった広葉樹が生い茂って安定する「極相」という状態を実現することが目指されたのです。

そうしたことが、明治神宮以前に行われていたのかどうか、それは分かりませんが、多分に実験的な試みであったのではないでしょうか。極相に到達するまでには150年の歳月がかかると見込まれました。そうなるよう、計画的に植林が行われたのです。

広大な森

そうした形で明治神宮の森が形成されることになったわけです。その計画は順調に進み約100年後にはほぼ極相に達しました。そこには都市化や温暖化の影響もあるようです。

こういう形で明治神宮の鎮守の森が極相に達するよう計画されたところに、大正時代の人たちが考えていた神社のあり方が示されています。神社において、社殿は大切なものかもしれませんが、同様に、鎮守の森の自然環境が重要だということです。その考え方が、今の明治神宮を作り上げ、参拝者はその恩恵を被っていることになります。

これは、テレビで見たことがありますが、明治神宮の参拝者に、明治神宮はいつからあるか質問すると、古代からと答える人もいました。そんなことはあり得ないのですが、壮大な森がそこに形成されているので、そうした誤解も生まれてきます。もしも明治神宮が、今日のような形をとらなかったとしたら、東京という場所は味気のない場所になっていたかもしれません。皇居も重要ですが、明治神宮に緑の空間が広がっていることで、東京でも自然を感じられるようになったのです。

都内で明治神宮に次ぐ広さの神社が靖国神社です。ただ、靖国神社の場合には、壮大な森が形成されているわけではありません。

日本人と自然

神社と自然との結びつきということで、あえて近代に創建された明治神宮を取り上げました。

これが、古代からある神社になれば、大神神社でもそうですし、伊勢神宮でもそうですが、手つかずの原生林がそこに残されています。

それも、古来、日本人は自然の中に神を見出してきたからです。今は、神は神社の本殿に常在していると見なされていますが、昔は、神と出会うには、自然の中で祭祀を行う必要があると考えられていました。磐座の前に臨時の祭壇を設け、そこで祭祀を行うというのが基本的な形態だったのです。

「神は自然の中に宿る」

私たちは、はるか昔からそのように考えてきました。そこに日本人独特の自然観が示されています。

例えば、山ということを考えてみたとき、日本人は古代から、そこに入ることにためらいを感じませんでした。ヨーロッパでは、山は、魔物が住む恐ろしい世界として考えられていて、近代になって登山術が発達するまで、あえて山の中に入っていくということをしなかったようです。

日本では、山は聖なる領域であると見なされ、そこで宗教的な修行も実践されてきました。それが、やがて到来する仏教の密教の信仰と混淆することで、修験道が生み出されていくことになります。

神社は自然と深く結びついている。神社を考える上では、それが極めて重要なポイントになってくるのです。

第2章

祈りの対象としての日本の神々

1　一神教における神

この章では、神社で祀られている神、祭神について考えたいと思います。そのために、キリスト教やイスラム教といった一神教の神と日本の神がどう違うのか、そこから見ていくことにします。

一神教の流れ

神といっても、どういう神なのかが問題になりますが、ユダヤ教から始まって、キリスト教、イスラム教へと進んでいった一神教の流れがあり、その一神教における神と日本人が考える神とが果たして同じなのか、それとも違うものなのかが問題になってきます。

一神教における神とは、世界を創造した創造主であって、人間を含め万物を創造したとされています。ですから、唯一絶対の存在であるわけで、「絶対性」が一神教の神の大きな特徴になります。

その神は、この世を創造しただけではなく、創造した後にも人間に対して関わりを持ってきました。例えば、神は人間に対して「戒め」を与えました。そのことは、ユダヤ教とキリスト教に共通の聖典であり、ユダヤ教からすると『トーラー』、キリスト教側からすると『旧約聖書』に出てきます。神はモーセに対して「十戒」を授けたのです。イスラム教ではアッラーがムハンマドという預言者を介してさまざまな戒めを人間に対して与えました。

言葉による戒めもありますが、人間が堕落すると罰を下すこともありました。有名なのは「ノアの箱舟」の物語です。神は人間が堕落すると大洪水を起こして、それまでの人類を一掃してしまいました。その際には、信仰が正しいと認められたノアの家族だけ生き残って新しい生活を始めるのですが、その後、ふたたび人間が高慢になって、天にも届く「バベルの塔」を建設しようとすると、人々の使う言葉をバラバラにして、塔を崩壊させてしまいます。

イスラム教の神観

イスラム教における神について日本人はあまり理解していないかと思いますが、さまざまに興味深いところがあります。イスラム教で神のことを「アッラー」と呼ぶことは皆さんもご存知だと思いますが、アラビア語では「アッラーフ」と言います。アラビア語の特徴としては固有名詞が発達しておらず、何事にも普通名詞が使われることにあります。アッラーフは、神を意味する普通名詞になります。

「アッラーのほかに神はない、ムハンマドはその使徒である」。これを世界中の十数億人いると言われるイスラム教徒たちが1日に5回（シーア派では3回）唱えます。アラビア語では、まず「神はいない」と言い、次に「しかしアッラーはいる」と言うのです。イスラム教は、多神教を否定する形で出現したために、こういう言い方になるわけです。

定命という捉え方

イスラム教には六信といって信仰の対象になるものがあります。「神」を始めとして「天使」「啓典」「預言者」「来世」、そして「定命《ていめい/じょうみょう》」からなっています。アッラーの啓示を、預言者ムハンマドに伝えたのが天使です。天使にはさまざまな種類がありますが、中世キリスト教の世界でも、天使が実在することが前提になっていました。

トマス・アクィナスという有名なスコラ哲学の神学者がいますが、トマス・アクィナスの『神学大全』を見ると、天使の知性は神の知性とも違い、人間の知性とも違うと書かれています。

啓典は『コーラン』のことを指しています。預言者がムハンマドで、イスラム教では、神の啓示を正しく伝えることができた「最後の預言者」とされています。

来世の実在も前提とされていて、人間が現世においてどういう行いをするかが、結局のところ、来世に天国に生まれ変われるのか、それとも地獄に落とされるのかを決定するとされています。

「定命」は仏教に由来する言葉です。仏教における定命の意味は、「生まれ落ちる前に寿命は定められている」というものです。この言葉がアラビア語の「カダル」の翻訳語として使われました。

カダルとは、人間の運命はすべて神によって定められており、そこには必ず意味があるというものです。問題は、その意味を神が説明してくれないところにあります。人生においては、良いことも起これば、悪いことも起こります。けれどもそれは、すべて神が決めたことで、その意味については、人間の側が自分たちで考えるしかないのです。こういう感覚は、日本人の中にはあまりないかもしれません。

神による天地創造

一神教の世界では、神は世界の創造者として捉えられています。創造の場面は、旧約聖書（トーラー）の冒頭に出てきます。

その第1日は、「はじめに神は天と地とを創造された」で始まります。神が「光あれ」と言って、光が生まれると、神はその光を見て良しとし、光と闇を分けます。これは劇的な場面で、光を昼と名付け、闇を夜と名付けて、一日が終わります。

2日目が始まると神は大空を作り、大空の下の水と大空の上の水とを分けました。これで海と空とが分けられたということになり、空の部分を天というふうに名付けて、またそれで一日が終わりました。神は一日に一つのことを成し遂げていき、以下は次のように続きます。

3日目　神は大地を作り、海が生まれ、地に植物をはえさせられた。
4日目　神は太陽と月と星を作られた。
5日目　神は魚と鳥を作られた。

6日目　神は獣と家畜を作り、神に似せた人を作られた。
7日目　神はお休みになった。

神は最後に人を作っているわけですが、「神に似せた」という点が重要です。これは、人間が、他の動物とは異なり、神に近い存在であることを意味します。そして神は、人を作った後に、休みをとりました。こういう形で7日間にわたって神はこの世界を創造したというのが、「創世記」に記されている物語になります。

この天地創造の物語がユダヤ教からキリスト教に取り入れられ、イスラム教にも受け入れられていきました。この3つの宗教の中では、世界の創造に関してはここに記されたことが共有されています。人口でいえば世界第1位の宗教がキリスト教で、第2位の宗教がイスラム教であり、世界の人々の半分以上がこの2つの宗教の信者ですから、この物語が世界の相当な部分に共有されていることになります。

現代では、宇宙についての科学が発達し、その始まりは、無からの爆発によるものだという「ビッグバン・セオリー」が定説になってきました。その後の宇宙は膨張を続け、それは今も続いているというのです。

しかし、こうした説が唱えられ、定着するまで、創世記に記された天地創造の物語が信じられていました。今でも、アメリカのキリスト教福音派のように、それを信じる人たちも存在しているのです。

2　日本神話の「天地開闢」

日本神話における世界の始まり

それでは、日本では世界の始まりはどのように考えられているのでしょうか。

日本の神話は、『古事記』と『日本書紀』に記されています。この2つの書物が成立したのは712年と720年です。なぜ、神話を語った2つの書物が同じ時期に作られたのかは謎です。さまざまな理由が考えられてきましたが、はっきりとした理由は分かりません。どこでも具体的な説明がなされていないからです。

神話について、両書はかなり共通していますが、違う部分もあります。

古事記では、次々と神々が出現し、天孫降臨《てんそんこうりん》が起こり、高天原《たかまがはら》から神が降臨して地上を支配するようになり、その神の末裔《まつえい》として神武天皇が現れて代々の天皇の時代が始まったと記されています。ただ、神武天皇以降のことに関してはそれほど詳しくは述べられていません。

日本書紀では、古事記に記された神話と同じようなことが最初の部分に書かれていますが、重要なのは神武天皇以降の代々の天皇の時代に起こったことです。古事記が神話としての性格が強いのに対して、日本書紀は歴史書の性格が強くなっています。

書き方にも違いがあります。

古事記は一貫した物語になっていますが、日本書紀では神話については、本文の他に別の伝承があったときには、それを、「一書」という形で併記しています。しかも、一書は一つとは限らず、多くのものが載せられていたりします。その点では、資料集のような形をとっています。ただ、代々の天皇の時代になると、一書が登場することはほとんどなくなっていきます。

古事記において、世界の創造は「天地開闢《かいびゃく》」と呼ばれていますが、それは、次のようになっています。

天地《あめつち》初《はじ》めに発《お》こりし時、高天原《たかまがはら》に神成りまし、名付けて天之御中主《あめのみなかぬし》の神

創世記では、神が天と地を創造したところから始まるのですが、ここでは逆です。はじめに高天原という場所があって、そこに天之御中主という神が生まれるのです。

その後に、タカミムスビノカミ（高御産巣日神）とカミムスビノカミ（神産巣

天地開闢（古事記に基づく）

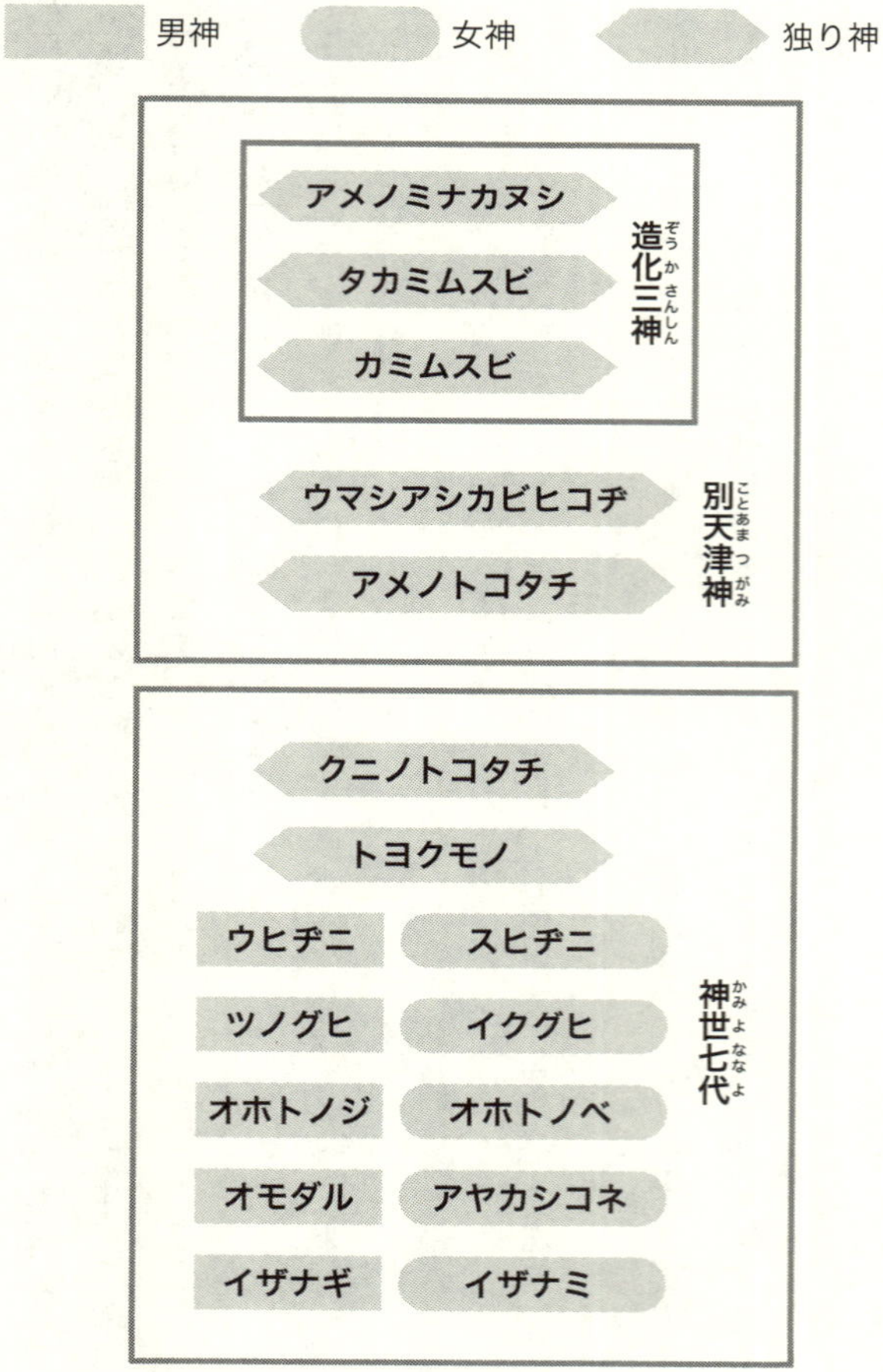

参考：天地開闢（日本神話） Wikipedia

日神）が生まれます。このように、後に「造化三神」と言われる3柱の神が生まれますが、こうした神々は何もしないまま消えてしまいます。

その後、別天津神《ことあまつがみ》も生まれますが、これもすぐに消えてしまいます。さらに、男女ペアの神々が生まれますが、結局はこれも消えてしまい、最後にイザナギノミコト（伊邪那岐命）とイザナミノミコト（伊邪那美命）という夫婦の神が生まれます。そこから、日本の国やさまざまな神々が生み出されていくことになります。

本文と異なる古事記の序文

古事記の本文は、正規の漢文では書かれていません。それぞれの言葉に漢字を当てはめたような形になっています。ただし、序文については正規の漢文で書かれていて、次のようになっています。

国産み（古事記に基づく）

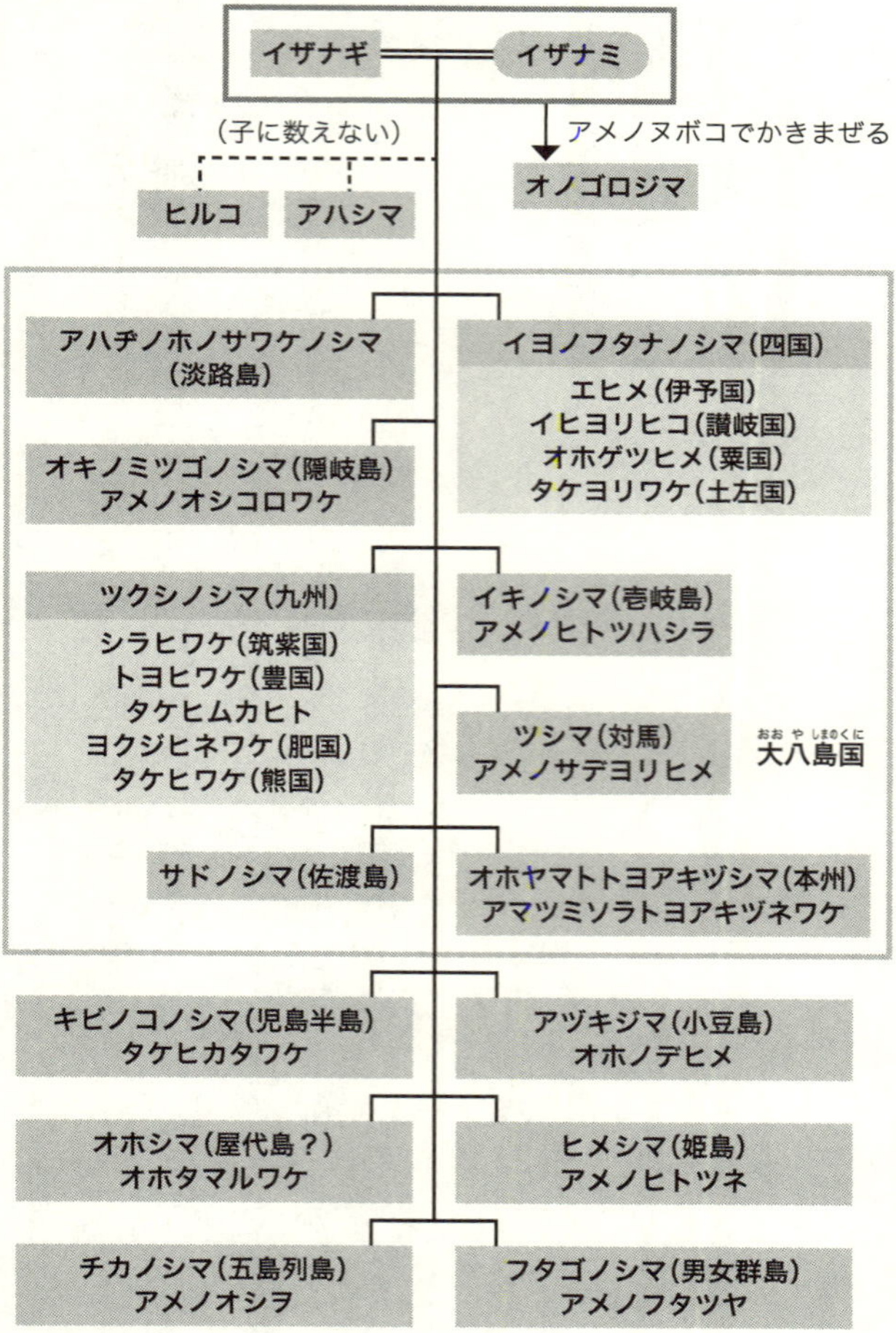

参考：国産み　Wikipedia

臣安萬侶言《やつかれやすまろまをす》、夫混元《それまじりしはじめ》は既に凝《こ》れど、気象《かたち》未だ効《あらは》さず。名《な》無く為《なすこと》無く、誰《たれ》も其の形を知らず。然《しかれども》、乾坤《あめつち》に初めて分かれ、三神《みかみ》は造化《あめつち》を首《はじめ》に作り、陰陽《めを》斯《に》開《ひら》き、二霊《たま》は群品《もろもろ》の祖《おや》と為《な》る。

これは、本文に書かれていることを漢語的な表現にしたもので、「造化」や「陰陽」といった、中国語的な表現が使われています。これは、日本書紀の本文と似ています。日本書紀は、次のように始まります。

古《いにしへ》に天地《あめつち》未《いま》だ剖《わか》れず、陰陽《めを》分《わか》れざりしとき、渾沌《まろか》れたること鶏子《とりのこ》の如《ごと》くして、溟《ほのか》にして牙《きざし》を含《ふふ》めり。其《そ》れ清陽《すみあきらか》なるものは、薄靡《たなび》きて天《あめ》と爲《な》り、重濁《おもくにご》れるものは、淹滞《つつ》ゐて地《つち》と爲《な》るに及《およ》びて、精妙《くはしくたへ》なるが合《あ》へるは摶《むらが》り易《やす》く、重濁《おもくにご》れるが凝《こ》りたるは竭《かたま》り難《がた》し。故《かれ》、天《あめ》先《ま》づ成《な》りて地後《つちのち》に定《さだ》まる。然《しか》して後《のち》に、神聖《かみ》、其《そ》の中《なか》に生《あ》れます。故曰《かれいは》く、開闢《あめつちひら》くる初《はじめ》に、洲壌《くにつち》の浮《うか》れ漂《ただよ》へること、譬《たと》へば游魚《あそぶいを》の水上《みづのうへ》に浮《う》けるが猶《ごと》し。時《とき》に、天地《あめつち》の中《なか》に一物《ひとつのもの》生《な》れり。状《かたち》葦《あし》牙《かび》の如《ごと》し。便《すなは》ち神《かみ》と化爲《な》る。國常立尊《くにのとこたちのみこと》と號《まう》す。次《つぎ》に國《くにの》狭《さ》槌尊《つちのみこと》。次に豊斟渟尊《とよくむぬのみこと》。凡《すべ》て三《みはしら》の神《かみ》ます。乾道獨《あめのみちひとり》化《な》す。所為《このゆゑ》に此《こ》の純男《をとこのかぎり》と成《な》せり。

三神が生まれたことは古事記と同じですが、神の名前に関しては古事記とは異なっています。ここでも重要なことは、天地がまず先にあって、そこに神が生まれてきたとされていることです。神が天地を創造してはいない点で、一神教の神話とはまるで異形なるものになっています。

古事記では、イザナギとイザナミが現れたことによって、最初に国産みが行われます。混沌とした世界にアメノヌボコというものを挿して、かき混ぜるわけです。そうするとさまざまな島が生まれてきます。大八島国が今の本州にあたり、それ以外の島々も、この2柱の神によって生み出されていきます。

重要なのは、イザナギとイザナミは日本の国だけを作っていることで、朝鮮半島や中国を作ったりはしていないということです。その点で、日本に限定される神話であるということになります。

イザナミは黄泉の国へ

国産みに続けて、さまざまな神々が産み出されていきますが、途中でイザナミは火の神を産みます。火は人類にとって決定的に重要なものであり、火をどのようにして発見したかは日本に限らず世界中の神話で語られています。

日本神話では、イザナミが火の神を産むと、火が体内を通っていったため、それによってイザナミは焼け死んでしまいます。神が死ぬのです。神が死ぬことも、一神教の世界では絶対に起こり得ないことです。近代になって、哲学者のニーチェが、「神は死んだ」と言い出して、衝撃を与えましたが、一神教の神は本来、死ぬことのない存在です。

亡くなったイザナミは黄泉《よみ》の国に行きます。黄泉の国は、死者が行く世界になっており、黄泉の国に行ったイザナミを追って夫のイザナギは、妻を取り戻そうと黄泉の国まで行きます。

そこでイザナミと会い、一緒に元の世界に戻ろうと説得するのですが、イザナミは「しばらく待ってほしい」と言ってそこにあった宮殿の中に入ってしまいます。イザナミからは、「絶対に見てはならない」と言われたのですが、いつまで経っても戻ってこないので、イザナギは宮殿の中を見てしまいます。そうすると、イザナミの体には蛆《うじ》がわいていました。イザナミはすでに黄泉の国の食べ物を食べてしまっていたので、地上には戻れない体になっていたのです。

「見たな」ということでイザナミが怒り出し、イザナギは逃げます。すると、イザナミは家来にイザナギを追わせ、最後には自分でも追っていきます。

イザナギは、ようやく黄泉平坂《よもつひらさか》を通って地上に戻ってきます。そして、イザナミやその家来が来ないように、その入口を塞ぐため、千引きの岩を置きました。古事記には、それが「出雲国之伊賦夜坂也」とされ、具体的な地名が出てきます。

私もそこに行ったことがありますが、大きな岩がありました。

黄泉の国は死者の穢《けが》れた世界ですから、戻ってきたイザナギは、その穢れを祓います。穢れを祓ったときに、アマテラスオオミカミ（天照大神）とツクヨミノミコト（月読命）、それからスサノオノミコト（須佐之男命）が生まれることになります。ツクヨミは、その後大きな働きをしませんが、アマテラスとスサノオは重要な神になります。

アマテラスが女神で、スサノオが男神であり、姉弟とされています。ただアマテラスに関しては、本当に女神なのかどうかで議論があります。

アマテラスがスサノオを呼んだときに、「我がなせ」と女性が男性に対する呼び方をしているところが一カ所だけ出てきます。これは、イザナミのイザナギに対する呼び方と共通しているので、アマテラスは女神とされてきました。

ツクヨミは月ですから夜の世界の神です。それに対してアマテラスは太陽の神です。太陽と月は対比されるわけで、その意味でツクヨミの神はもっと重要であってしかるべきなのですが、さほど重要視されていない点は、一つ注目されます。それでも、伊勢神宮には、ツクヨミを祀った神社が内宮と外宮の別室として2つあります。

3　神話には「つくる」「なる」がある

政治学者丸山眞男の説

丸山眞男という戦後の政治学界をリードした人物がいて、晩年に興味深い説を唱えていました。一神教の世界と日本を対比させているのですが、その際に、神話のあり方を問題にしていて、前者が「つくる」ことに特徴があるのに対して、後者は「なる」が特徴になっているというのです。

すでに見たように、一神教の神話では、神は世界を創造するわけですから、神はまさに世界を「つくる」わけです。それに対して、日本の神話では、天地はすでに存在していて、そこに神々が「なる」わけです。

丸山がこうした対比をしたのは、日本の社会のあり方に対して批判があるからで、「つくる」の世界では、主体と客体が明確に区別され、主体がはっきりしています。それに対して、「なる」の世界では、世界は自然に生まれるのであって、それを創造する主体ははっきりしていません。それがあらゆることに通じていて、日本人には主体性というものがないというわけです。丸山は、日本の政治の問題点を、神話の中から導き出し、それが伝統になっていることを批判しているのです。

これは興味深い説で、発表された当時、大きな反響がありました。

口伝えされた神話

古事記については、序文の中に出てくる太安万侶《おおのやすまろ》が編纂《へんさん》して、当時の元明天皇、これは女帝ですが、元明天皇に献上されました。ただ、先代の天武天皇が稗田阿《ひえだのあ》礼《れい》という人物に誦習《しょうしゅう》を命じたことが始まりであったともされています。

誦習とは唱えることです。これは、稗田阿礼が古事記以前に存在したさまざまな書物を読んで、それをまとめる形で語ったのか、それとも、それまで口伝えされていた伝承を改めて語ったのか、その辺りは不明ですが、それを太安万侶が書き記したのです。

おそらく、伝承は口伝えされていたのではないでしょうか。というのも、古代においては、神話の物語は書物に書かれるのではなく、口伝えされるのが基本だからです。

これは神話ではなく、神の啓示ということになりますが、イスラム教の聖典であるコーランの場合も、預言者であるムハンマドが生きていた時代にはすべて口伝えでした。ムハンマドは覚えているし、ムハンマドから啓示を伝えられた弟子たちも、それを覚えていたのです。

その伝統は今でも受け継がれていて、将来モスクでイマームという指導者になろうとする人間は、子どもの頃にコーラン学校に通い、そこでコーランをアラビア語で全文記憶することになります。

ただ、ムハンマドが亡くなった後、このままだと間違った啓示が広まる可能性があるため、ムハンマドの後継者がコーランという書物の形にしてまとめました。他の民族の神話の場合にも、口伝えされるのが基本で、文字で表現されるのは、その神話を研究する外部の人間が現れたときです。その点では、古事記の場合は、日本の社会のなかでその作業が行われたわけですから、貴重な試みだったことになります。

ただ、これは謎ですが、日本書紀には古事記のことが出てきません。日本書紀は歴史書です。しかも、正規の漢文で書かれているということは、日本人だけではなく朝鮮半島や中国の人たちが読む可能性を前提にしていることになります。「我が国はこういう歴史をたどった由緒正しい国だ」ということをアピールする役割を担っていたのですが、そこに古事記のことは出てきません。しかも、古事記は正規の漢文で書かれておらず、変体漢文なので、日本人しか読むことができません。

古事記の偽書説

古事記に関しては偽書説があります。これは、全体が偽書であるという説と、序文が偽書であるという2つの説があります。

本文偽書説が唱えられるのは、日本書紀に古事記のことがまったく出てこないからで、もっとも古い写本も、南北朝時代、14世紀のものしか残っていません。

ただこの説は成り立たないようで、古事記や日本書紀と同時代に作られた『万葉集』の巻第2の90の歌の題詞に、「古事記に曰く」と記されています。また、巻第13の3263の左註にも、「古事記を検するに」とあります。この場合の古事記を、古事記という書物と考えるのか、それとも、昔のことについて記した書物と捉えるのかで解釈が異なってきますが、古事記を指しているのだとすれば、偽書説は成り立たなくなります。

序文については、本文と文体がまったく異なるので、序文偽書説が唱えられるのですが、1979年に、序文に出てくる太安万侶の墓が発見され、そこに墓碑もあったことなどによって、払拭されました。

ただ、古事記が変体漢文で書かれ、日本書紀が正規の漢文で書かれていることから、長い間、日本書紀は重視されても、古事記が注目されなかったことも事実です。

しかも、古事記はほとんどが神話で、代々の天皇の事績については、簡単なことしか述べられていません。それに対して、日本書紀には、代々の天皇がどういう政治を行ったかが詳しく記されていて、後の時代に政治を行う上で参考になります。

それで古事記は軽視されてきたのですが、何しろ変体漢文で書かれているので、読むこと自体も難しくなってしまいました。そうした状況を覆したのが、江戸時代に現れた国学者の本居宣長《もとおりのりなが》です。

4　宣長の古事記伝

宣長の古事記研究

本居宣長の影響は非常に大きなものがあって、本章の中心的なテーマである「日本人の神」ということに関しても、本居宣長の説が今日までかなり大きな影響を与えています。それも宣長が古事記について深く研究をしたからです。当時もう十分に読むことができなくなっていた古事記を、師匠にあたる賀茂真淵《かものまぶち》に言われて、宣長は詳細な研究を行いました。

宣長は松坂（現在の三重県松阪）の商人の家に生まれました。ところが、宣長の母親が見るところ、息子は商売の道には向いていないと分かり、宣長を京都に留学させせます。

宣長は京都で儒学（儒教の学問）と医学を修めて、松坂に戻ってきます。生涯にわたって医者として活動しますが、それだけではなく、『源氏物語』の研究を始めます。それを自分だけで行うのではなく、弟子たちに講義するようになりました。その後、古事記に研究の対象を移し、それについて講義をする日々を送りました。

それでできあがったのが『古事記伝』という古事記の注釈書です。全44巻に及ぶ膨大なものですが、1764年に起稿して1798年に脱稿しますから、34年間もかかったことになります。

それで、『古事記伝』を本として刊行するのですが、講義が続いている間に刊行が始まって、宣長が死んだ時点では全部は刊行されていませんでした。1822年までかかってようやく完成しています。研究に34年、刊行に32年という膨大な月日が費やされました。宣長は71歳まで、当時としては長生きしたので無事に完成しましたが、途中で亡くなっていた可能性もあったはずです。

宣長は、古事記のいくつもの写本を校合する作業を行いました。当時は、定本と呼べるような古事記の決定版がなかったので、それを明らかにした上で、内容に関して、一体何が書かれているのかを詳しく研究していったのです。

宣長の『古事記伝』について、国語学者の大野晋は、「『古事記伝』は前人未踏の正確詳細な注釈として成就し、今日に至るまでこれを超える『古事記』注釈はない」と、それを高く評価しています。

また、日本近世文学研究者の萱沼紀子は「宣長の注釈は今日なお批判に耐えうる価値をもっており、多くの研究が彼の本文校訂、訓読、語釈、注釈を、その基礎としている」としています。ただ、「古代の文献をそのまま信仰すべきことを大前提としており、しばしば非合理の世界へと飛躍するという欠点がある」とも述べています。この点は、問題になってくるところです。

「せんかたなし」

宣長という人の考え方には、非常に特徴的なところがあります。好ましくない現実であっても、それはそのまま受け入れるべきだというのです。

例えば、黄泉の国についての考え方にそれが示されています。古事記の中には、死者が行く世界は黄泉の国しか出てきません。宣長は、古事記に記されていることは真実であり、間違いのないことであるという立場を取っていて、死んだら誰もが黄泉の国へ行くのだとしていました。

黄泉の国は、地獄ほど恐ろしいところではないかもしれません。地獄なら、獄卒によって苛まれ続けるなどといった苦役があります。しかし、天国や極楽のような素晴らしい場所でないことも事実で、穢れた世界であることは間違いありません。何しろ死体に蛆がわくわけですから。

黄泉の国のイメージのもとは土葬にあったと思われます。宣長の時代も、多くの遺体は土葬されました。それをもとに、宣長は自分も死んだら黄泉の国へ行く、そこが穢れたところだということはよく分かっているが、古事記に書かれている以上、逃れようがないとしていたのです。

その際に宣長は、「せんかたなし」という言い方をしています。宣長の考え方の大きな特徴は、この「せんかたなし」にあって、とても諦めのいい考え方をした人でした。この考え方は神の捉え方にも示されています。

宣長の考える神

『古事記伝』の中で、宣長は、次のように神を定義しています。

凡《すべ》て迦微《かみ》とは、古御典等《いにしえのみふみども》に見えたる天地の諸《もろもろ》の神たちを始めて、其を祀れる社《やしろ》に坐ます御霊《みたま》をも申し、又人はさらにも云《い》はず、鳥獣木草のたぐひ海山など、其他か何にまれ、尋常《よのつれ》ならずすぐれたる徳《こと》のありて、可畏《かしこ》き物を迦《か》微《み》とは云ふなり宣長は、「すぐれたる」「可畏き物」、つまりは特別なものはすべて神なのだとしています。では、どういったものが特別なのでしょうか。

すぐれたるとは、尊きこと、善きこと、功《いさを》しきことなどの、優れたるのみを云ふに非《あら》ず、悪しきもの、奇《あや》しきものなども、よにすぐれて可畏きをば、神とは云ふなり

宣長は、古事記や日本書紀に出てくる神々だけではなく、さまざまな神社に祀られている神々を「迦微（神）」として捉えています。そこまでは常識的な考え方になりますが、さらに宣長は、後半の部分において、それを拡大していきます。

普通よりもどこか優れたところがあれば、それは神だというのです。「すぐれたる」の箇所には注釈が施されています。すごく良いもの、尊いものというイ

メージがすぐに湧いてきますが、悪しきもの、怪しげなものであっても、普通のものより格段にその度合いが強いものであれば、それはすべて神だというのです。

悪神としての禍津日神

そのことは、悪神についての捉え方にも示されています。

神の中に良い神と悪い神があるというのは、世界で普遍的な考え方になるのですが、宣長は古事記の中に出てくる禍津日神《まがつひのかみ》を悪神と捉えました。禍津日神も、黄泉の国から戻ったイザナミが、穢れを祓った時に生まれた神で、八十禍津日神《やそまがつひのかみ》と大禍津日神《おほまがつひのかみ》の2柱になります。

宣長は、その神について次のように述べています。

禍津日神の御心のあらびはしも、せむすべなく、いとも悲しきわざにぞありける（『直毘霊《なおびのみたま》』）

禍津日神の心が荒れると、悪いことが起こるのだが、そういう時はどうしようもなくて、非常に悲しいことだというのです。ここでも、「せむすべなく」とありますから、それは仕方のないことだというのです。

良い神と悪い神を想定する考え方は、一般に「善悪二元論」と言われます。一神教の場合、神は絶対の存在です。絶対の存在ということは絶対の善であるということです。そうなると、なぜ善なる神が創造したはずの世界に悪が生まれてくるのかという難問が生じてきます。これを説明することにキリスト教は非常に苦労してきました。

キリスト教の教義が形成される上で、重要な役割を果たした神学者のアウグスティヌスは、「悪は善の不在である」と言い、悪を成すのは神ではなく人間であるという立場をとりました。

なぜ人間が悪を成すかというと、人間には「原罪」があるからです。原罪とはアダムとイブがエデンの園で神の命令に従わずに善悪を知る木の実を食べてしまったことに始まり、その罪は遺伝を通してその後の人類に伝えられてきたというのです。

しかし、そのように説明されても、納得するのは難しいところがあります。だったら、神は人間が原罪を犯すことなく、善なる存在であるようにしたらいいのにと、そんな考えも浮かんできます。そのため、キリスト教の中でも善悪二元論的な考え方が現れることがあり、世界に起こる悪は悪魔によるものだとされました。

宣長の場合も、善悪二元論の立場をとったことになります。宣長は善神について説明しているわけではありませんが、悪いことは悪神である禍津日神の力によって引き起こされるとしました。禍津日神は古事記に登場するわけですから、人間の側はそれを受け入れるしかないのです。

禍津日神を祀る神社

禍津日神を祀っている神社があります。

大分には早吸日女《はやすひめ》神社という式内社があります。式内社とは、927年に成立した『延喜式神名帳《えんぎしきじんみょうちょう》』に登場する由緒のある神社のことになりますが、そこで禍津日神が祀られています。

もう一つ、岡山県の倉敷市に阿智神社があって、そこでも禍津日神が祀られています。ただし、主たる祭神とともに祀られる相殿神19柱と一緒に祀られていて、そのうちの一つということです。おそらく早吸日女神社や阿智神社を祀っている人たちには、自分たちが、宣長が悪神として捉えたものを祀っているという意識はないのではないかと思います。

神話の中の神々

宣長の神についての考え方に従って、現実の神々を分類してみるとどうなるでしょうか。

古事記と日本書紀に登場する神々はかなり重複しています。古事記にしか出てこない、あるいは日本書紀にしか出てこない神もあって、全部合わせると327柱になります。数は意外と少ないように思われますが、その中にはさまざまな神が含まれます。

今まで出てきたイザナギとイザナミをはじめ、アマテラスやスサノオもそうです。天孫降臨の瓊瓊杵尊《ににぎのみこと》なども出てきます。それから大国主、大物主、少彦名命などがいますし、女神としてはスサノオと結婚するクシナダヒメや富士山の神であるコノハナサクヤヒメなどがいます。

ヤマトタケルは、日本神話の中の最大の英雄とも言えますが、天皇の皇子なので、神々の中には含まれません。

5　八百万の神々

神話に登場しない代表的な神々

古事記・日本書紀に出てこない神々もかなりいます。宣長が「社にましますと述べた神々で、代表的なものとしては八幡神、稲荷神、それから天神があげられます。

八幡神は九州の宇佐神宮で祀られていたものですが、もともとは新羅系の渡来人が祀っていました。その点で日本固有の神ではないのですが、朝鮮半島にこういう神がいたのかどうかということになってくると、それを確かめるのは容易ではありません。

というのも、朝鮮半島の場合、李氏朝鮮の時代、これは韓流ドラマの時代劇の時代ですが、その時代に儒教が圧倒的な力を持ったので、古い信仰が抹殺されてしまったからです。ですから、八幡神のもともとの姿がどういったものだったのか、それを確かめるのは難しくなっています。

それでも、八幡神は急速に台頭していき、東大寺の大仏が建立される際には、その作業を全力をあげて支えると宣言し、神に仕える巫女が宇佐神宮から上京したりもしました。やがて、八幡神は応神天皇と習合し、アマテラスに次ぐ第二の皇祖神の地位を得ていきます。その点では、大出世をとげたことになります。

稲荷神は京都の伏見稲荷大社が総本社になり、もともとは稲の神でした。稲が大陸からもたらされたということが関係するのでしょうか、稲荷神を最初に祀ったのは秦氏という渡来人でした。こちらは、百済系の渡来人です。

稲荷神の場合も、神話に登場するウカノミタマという食物神と習合し、その信仰は広がっていきます。さらに、インド由来の荼吉尼天《だきにてん》とも習合し、仏教の密教の世界で重要な存在となっていきました。その結果、稲荷神はさまざまなご利益を与えてくれる神として、広く信仰されるようになっていきます。

天神の場合、菅原道真という実在した人物が死後に祟りを引き起こしたことで祀られるようになりました。ただ、天神というのは、天の神のことなので、それと習合したとも言えます。あるいは、祟りとされる出来事の中に、雷による被害もあったため、雷神とも習合していきました。

現代の社会では、避雷針があり、市街地での雷の被害は少なくなりました。しかし、昔は雷を防ぐ手立てがなく、落雷によって火災が起こったり、人間が亡くなるという出来事が頻繁に起こりました。道真の霊は祟りを引き起こす恐ろしい存在であったため、雷神と習合することになったのです。これが、宣長が説いた神の2番目のカテゴリーになります。

自然はすべて神

さらに宣長は、自然界に存在する生き物や植物、その他、海や山といったものも、それが他とは違う特別なものであれば、神として祀られてきたとしました。

例えば、神武天皇を大和の国に導いた八咫烏《やたがらす》がありますが、これはカラスです。

それは導きの神という形で捉えられ、ただのカラスではなくて、神であるという捉え方をされました。

龍は架空の生き物ですが、それを神として祀る龍神信仰は盛んです。龍は水と深い結びつきを持つとされ、雨を降らせてくれる存在と捉えられました。農業を行うには雨が必要で、水がなければ作物は稔りません。だからこそ、雨を降らせる力を持つとされた龍神の信仰が各地に広がったのです。

龍神に近いものとしては蛇の神があります。宇賀神は、とぐろを巻いた蛇の神をとっています。稲荷神の狐、あるいは日吉大社の猿は獣ですが、神そのものではないにしても、神のお使いとしてとらえられてきました。

木の神、草の神もありますが、海の神、山の神となると、それは無数に存在しています。我々日本人は自然に存在する鳥獣草木を、神として崇めてきたのです。

こうした考え方があるために、仏教を受容していく中で、すべてのものは成仏することができるとする「山川草木悉皆《しっかい》成仏」という考え方も生まれました。

こうした教えはもともとは、日本でもっとも重要な経典として受容された「法華経」の中に出てきます。法華経はどんな人でも仏になることができる、修行した人も修行していない人も、どんな道をたどろうと成仏できるという教えを説いています。

法華経を特に重視したのが、最澄が開いた天台宗です。天台宗の中で山川草木悉皆成仏の教えが強調されるようになり、それは「天台本覚思想」を生むことになりました。これは難解な思想なのですが、究極的には、誰もが本来仏性を備えていて、仏になる性格を持っていることをさまざまな形で証明していったのが、天台本覚思想になります。

人を神に祀る

宣長は、人も神として祀られるとしていましたが、その点を詳しく論じたのが、日本の民俗学の提唱者である柳田国男でした。柳田は、自分の学問を「新国学」

とも呼んでいましたので、宣長やその弟子である平田篤胤《ひらたあつたね》の影響を受けていることは間違いありません。

柳田には、「人を神に祀る風習」（『民族』1926（大正15）年11月号）という論文があるのですが、そこで彼は次のようなことを述べています。

かつて我々の間に住み、我々とともに喜怒哀楽した人たちを、その死後一定の期間を過ぎ、もしくは一定の条件の下に、おおよそ従来の方式に遵《したが》うて一社の神に斎《いわ》い、祭り拝みかつ禱るということが、近い頃までの日本民族の常の習わしであったことは、これを認めない者はないであろう。

大正時代の文章は今から100年前のものなので、読みにくくもなっていますが、要するに、生きている人間を一定期間過ぎた後、あるいは何か条件が整っていたら、神として祀ることを、日本民族はごく最近までやってきたのだというのです。

では、「一定の条件」とは何なのかということになるのですが、条件としては2つあげられます。

1つは、祟りを引き起こした場合で、その代表が天神として祀られた菅原道真になります。祟るだけの力を持っているということは、逆にご利益をもたらしてくれる力を持っていることになるので、やがて天神は、冤罪を晴らす雪冤の神となり、道真が学問の人であったことから学問の神ともなっていきました。今では、受験の神として信仰を集めています。

顕彰のために

もう1つ、これは近世以降のことですが、偉大な功績を挙げた人物を顕彰するために神として祀ることが行われるようになります。その最初は、豊臣秀吉が豊国神社に祀られた例があげられます。

豊国神社は、豊臣家が大坂の陣で滅びることによって、一時かなり悲惨な状況に置かれ、廃社同然でした。その豊臣家を破った徳川家康も死後に東照宮に祀られています。天下統一を果たしたからこそ、家康は神として祀られたのです。

こういう流れができると、江戸時代になって大名が各藩で祀られるようになるのですが、江戸幕府はそれを嫌いました。神として祀り上げられてしまうと、藩主が将軍と拮抗する、あるいはそれよりも上ということになってしまうからです。そこで藩主を神として祀ることを禁じたのですが、各大名家では密かに藩主を祀っていました。明治以降になると、それが公にできるようになります。

幕末維新期になると、幕府を倒し、新政府を樹立するために戦った志士たちが、神として祀られるようになり、やがてそれは靖国神社の創建に結びつきます。ほかにも、代々の天皇が神社に祀られるようになり、平安神宮や橿原神宮が誕生しました。第1章で述べた明治神宮の創建も、その延長線上にあることでした。

一神教における聖人に対する信仰

こうして祀られる神々の数は増えていき、まさに多神教の世界が展開されることになりました。そこには自然も含まれるわけですから、あらゆるものが神になっていったとも言えます。まさに八百万の神々が信仰されるようになっていったのです。

その点で、一神教とは大きく異なるわけですが、一神教の世界にも「聖人」という存在があります。聖人は偉大な功績を遺した信仰者のことですが、キリスト教の世界では、特に殉教した人たちが聖人として祀られるようになります。それは、「聖人崇敬」と呼ばれます。

聖人の数は膨大で、それぞれの聖人は、特定の分野や事柄、あるいは国や都市を守護する役割を果してくれるとされています。「守護聖人」というわけです。その点で、日本の八百万の神々が、それぞれ特定のご利益を与える存在として信仰されるのと似ています。

イスラム教でも、聖人に対する信仰はあって、亡くなった偉大な宗教家の廟（墓のこと）などが信仰の対象になってきました。こちらも、聖人はご利益を与えてくれる存在としてとらえられています。

こうした状況を見てみると、多神教の世界と一神教の世界が、決して隔絶したものではなく、共通性を持っていることが明らかになってきます。庶民はご利益や守護を求めるわけで、宗教の側は、そうした需要を満たしていかなければならないのです。

一神教としての日本

そうなってくると、多神教の世界と一神教の世界において、本質は変わらないということにもなってきます。

神話や教義の面では、両者はこれまで見てきたように、大きく違います。一神教では、唯一絶対の創造神が信仰の対象となり、多神教の世界ではさまざまなものが神として祀られ、八百万の神々が信仰の対象になりました。

しかし、多神教の世界に生きる私たちが、神社で神に祈るとき、果たして個別の神のことを意識しているものなのでしょうか。アマテラスを祀る神社と八幡神を祀る神社を前にして、私たちはそれを違うものとして捉えているのでしょうか。

ただ神に祈っている。

日本人もそうなのではないでしょうか。その点について、宗教学者の原田敏明という人は、日本人も実は一神教なのではないかという説を唱えていました。

それぞれの地域においては、氏神が祀られていますが、氏子にとって神は一つだというのです。原田は、「要するに一つの氏神集団には一つの氏神があって、しかもただ一つに限るのである」と述べています。

その村でアマテラスが祀られているのなら、それを拝み、八幡神が祀られているのならそれを拝む。その間に、根本的な区別はないというのです。

こうした点を加味して考えないと、日本人にとっての神がどういうものかを理解できないのではないでしょうか。

次の章では、日本人がどのように神を祀り、それに祈ってきたのかを考えることにします。

第3章

祈りは神との出会い

1　人と神はどうかかわるのか

「預言者」と「予言者」

一神教において、神は世界を創造して終わりではなく、永遠の存在でもあるわけで、人間に対してさまざまな形で働きかけをしてくることになります。重要なのは、「啓示」ということで、人間に対してメッセージを伝えてきます。啓示を下される人間が預言者です。

音としては予言者と同じですが、予言者が未来を予測する人物であるのに対して、預言者は、神からの啓示を預かった人物という形で区別されています。日本のキリスト教会では、それを厳格に区別しますが、英語では両方とも「prophet」で同じです。海外では、予言者と預言者は区別されていません。

旧約聖書の中には、預言者たちが数多く登場し、神の啓示を一般の人たちに伝える役割を果たします。イスラム教ではムハンマドが最後の預言者とされます。

イスラム教では、旧約聖書に登場するモーセや他の預言者も、神からの啓示を下されたととらえますが、彼らは正しくそれを解釈できなかったとしています。ムハンマドだけにそれができたので、だからこそ彼は最後の預言者とされるのです。ムハンマドが最後の預言者ですから、イスラム教の立場からすれば、それ以降は神による啓示はなく、預言者は現れないことになります。

一方、キリスト教においては、預言者とは別に、「神秘家」という人たちが登場します。神秘体験を通して神と出会った人たちが神秘家になります。16世紀という時代は、キリスト教の歴史の中で大きな転換期になり、「宗教改革」も起こりますが、イベリア半島にあるスペインでは、神秘家たちが現れました。アビラのテレサや十字架のヨハネなどです。この2人が登場した時代のスペインでは、異端を征伐するための「異端審問」が行われていました。

教会の側からすると、神秘家が神と直接に出会って、神から何らかのメッセージを伝えるようになると、それは教会の考え方とは異なる可能性があり、その権威を脅かす危険性が出てきます。そのため、神秘家に対しては異端の疑いがかけられることにもなりました。

その後、18世紀から19世紀にかけては、ヨーロッパ各地において、聖母マリアが出現する出来事が頻繁に起こりました。とくに、フランスのルルドの場合がよく知られています。マリアの出現したルルドは、今やカトリック教会の一大聖地になっています。

このように、キリスト教の世界においては、さまざまな形で、神が地上の人間の世界にかかわりを持ってくるという事態がくり返されました。現代でも、神の姿を見た、その啓示を下されたと称する人間が絶えず現れています。

勧請と分霊

それでは、日本では神と人とのかかわりはどのようになっているのでしょうか。

日本では、八百万の神々が信仰の対象になっていて、その点では多神教です。

前の章で触れたように、古事記や日本書紀に登場する神々は300を少し超えるくらいですが、その後にさまざまな形で新しい神も登場しました。そのことについても、前の章で触れました。

しかし、神々の種類だけが増えていったわけではありません。日本の神の場合には「勧請《かんじょう》」ということが行われてきました。これは、あるところで祀られている神を別のところで祀ることを意味します。一つの神が「分霊」され、祀られる場所が広がっていくのです。

例えば、八幡神は、もともとは九州の宇佐神宮に祀られていました。それが、京都の石清水八幡宮に勧請され、さらには鎌倉の鶴岡八幡宮に勧請されました。それだけではなく、この3つの神社から、八幡神は各地に勧請され、実に多くの八幡宮、八幡神社が誕生することになったのです。

そのため、それぞれの神社に行ってみると、本殿に祀られた主たる祭神だけではなく、境内に小さな社がいくつもあって、そこで別々の神が祀られている光景に接します。

特に稲荷神を祀る稲荷神社になると、たいがいの神社で祀られています。こうした境内にある「摂社・末社」と言われるような神社を数えていったら、一体いくつあるのか。数えた人は今までいませんし、数えようと思っても、全国に神社が点在しているので、それを調べ上げるのは不可能です。しかも、時代とともに増減していきます。

興味深いのは、勧請や分霊ということが行われても、もとの神はそのまま変わらないということです。神社の世界では、このことを火にたとえます。火の場合、それを移しても、もとの火が小さくなるわけではありません。それまでと同じように燃えています。神も、それと同じだというわけです。

託宣とシャーマニズム

一神教の世界では、神は啓示を下す存在ですが、日本の神々の世界では、各地に勧請されるとともに、「託宣」を下します。

啓示の場合、それを得ようとして、何らかの手段が用いられるわけではありませんが、託宣の場合には、方法があります。神が下る依代《よりしろ》が用意され、その人間が神に代わって、その言葉を伝えるのです。

神社には巫女さんがいますが、もとをたどれば、巫女は依代になる存在でした。巫覡《ふげき》という言い方もありますが、こちらの場合には、巫女だけではなく男性を含みます。男女を問わず、依代になって神の言葉を伝える存在がいて、神の託宣を伝える行為は、「シャーマニズム」と呼ばれます。

中国・内モンゴル自治区のシャーマンになると、非常に立派な姿をしています。顔の前に簾のようなものがあるのですが、それは人間性を表に出さないための工夫です。日本でも、「細男」といって、神社の芸能で滑稽な舞をする人物がいますが、彼らの目の前にも布がかけられ、素顔が見えないようになっています。

シャーマンは、シベリアに発すると考えられています。今のロシアの極東部分になるわけですが、シベリアから朝鮮半島へ伝わり、あるいは中国や東南アジア全域に広がっていきました。日本にもシャーマンの伝統は引き継がれ、託宣を下す人物がさまざまな形で現れてきました。死者の言葉を伝える東北地方の「いたこ」なども、その一種と言えます。

世界的な宗教学者ミルチア・エリアーデ

シャーマニズムについて研究した人たちは数多くいますが、特に有名なのはミルチア・エリアーデです。すでに亡くなっていますが、ルーマニア生まれの世界的な宗教学者です。エリアーデの影響は、私もその一人だと思いますが、現代において宗教を研究する人たちの多くに及んでいます。しかも、エリアーデは小説家でもあって、神秘主義的な小説を書いています。それも、宗教学関係の著作とともに日本語に訳されています。

エリアーデは、最初、ルーマニアからインドに渡って、インドでヨーガの研究などをしました。ヨーガというと、今は美容法、健康法の一種として受け取られていますが、もともとはインドに生まれた神秘主義的な修行の方法でした。

ヨーガの研究がきっかけになって、エリアーデは神秘主義全般に対して関心を持つようになり、そのなかでシャーマニズムの研究も行いました。戦後は、ルーマニアがソ連邦の体制下に置かれるようになり、共産主義の政権が成立すると、エリアーデはそうした体制に反対する思想を持っていたため、ルーマニアにはいられなくなり、亡命生活を送ることになりました。

最初はパリに亡命していたのですが、その後アメリカに渡ってシカゴ大学に迎えられました。シカゴ大学にはエリアーデだけではなく、ジョセフ北川という日本生まれの宗教学者もいて、シカゴ大学は宗教学研究のメッカという地位を確立することになりました。エリアーデが書いた『世界宗教史』(ちくま学芸文庫)という晩年の著作がありますが、その翻訳には私も携わっています。

韓国キリスト教のシャーマニズム

エリアーデのシャーマニズム論の特徴としては、それを「脱魂《だっこん》」と「憑依《ひょうい》」に分けたところにあります。魂が人間の体から抜け出ていくのが脱魂です。人間の肉体の中には魂があって、魂は肉体の中にとどまっているだけではなくて、外側に飛び出ていくことがあります。例えば夢を見たときは、この脱魂状態だと解釈することもできるわけで、夢の中でならさまざまな世界に自由に行き、それは魂が旅をしているのだと捉えることもできます。それとはまったく逆に、我々の外側にいる別の存在が体の中に入ってくるのが憑依です。

エリアーデは、特に脱魂を重視していて、魂が抜け出て霊界をさまよっていくことにシャーマニズムの本質を見ていこうとしました。ですが、一方には憑依という現象があって、外来の霊がシャーマンに宿って託宣を下すこともあり、シャーマニズムの伝統はアジアの中に根強くあります。

シャーマニズムの影響がとても大きいのが韓国です。戦後の韓国社会ではキリスト教が幅広く信者を獲得し、現在では韓国人の30％ぐらいがキリスト教徒です。韓国に行ってみれば分かりますが、教会が至るところにあります。そうした韓国のキリスト教はシャーマニズムの影響を受けていて、牧師が説教しながら神憑《かみがか》りすることもあります。

韓国は、儒教の伝統が非常に強く、そのため、特に李氏朝鮮の時代に、仏教を弾圧しました。そこが日本との大きな違いで、戦後は仏教の中にあるご利益信仰的なものをシャーマニズムを取り込んだキリスト教が果たすようになりました。これは、日本の戦後に、仏教系・神道系の新宗教が台頭したのと同じ現象です。

鬼道に仕えた卑弥呼

シャーマニズムと日本ということで思い起こされるのが、邪馬台国の卑弥呼です。

日本の古代に関しては、8世紀に古事記と日本書紀が生まれますが、それが日本の歴史について記した最初の書物になり、それ以前のものはありません。

そうなると、日本の古代の姿を教えてくれるのは、中国の歴史書になります。その一つが、『魏志倭人伝』で、その中に邪馬台国と卑弥呼についての記述があり、卑弥呼は鬼道に仕えていたとされています。「名は卑弥呼という、鬼道に仕え、よく衆を惑わす」というのです。

鬼道が何を意味しているのか、文章の中では説明がありませんが、シャーマニズムの一種ではないのかというのが大方の見方です。卑弥呼はシャーマンであり、神の言葉を取り継いで、それで政治を行ったのではないかと考えられます。

弥生時代の大規模な遺跡に吉野ケ里遺跡があります。佐賀県にあって、吉野ケ里遺跡公園という形で多くの建物が復元されています。竪穴式住居や高床式倉庫が復元されているのですが、私も一度行ったことがあります。

その中に、主祭殿と呼ばれている建物があり、これが公園の中でも一番目立つものになっています。なにしろ3階建ての建物です。ただ、本当にこうした建物

吉野ケ里遺跡の主祭殿

出典：国営吉野ヶ里歴史公園

が弥生時代の吉野ケ里にあったのかどうかは分かりません。柱の跡しか残っていないわけで、研究者は柱の大きさからこれだけの規模の建物があったのではないかと推測し、それで主祭殿が復元されているわけです。

主祭殿と呼ばれているのは、そこで祭祀が行われていたからです。主祭殿の1階部分は吹き抜けになっていて、2階部分に上がることができます。そこでは、人形を使って村の人たちが会議をしている様子が復元されています。3階に上ると、祭壇があって、その前に女性がいて、榊を持って祈禱をしています、その女性の横には琴を持った男性が控えています。

その女性が卑弥呼にあたります。説明によれば、卑弥呼には神の託宣が下り、それが2階で会議をしている人たちに伝えられ、それによって政治が行われたというのです。

こうした形で復元されているのは、古事記の中にその元になるような状況が出てくるからです。

2　託宣の力

神憑りする神功皇后

吉野ケ里遺跡の主祭殿で復元された場面の元になるものが古事記に出てきます。ここでは、小説家の福永武彦による現代語訳で、その場面を見ていくことにします。第14代の仲哀天皇の時代のことで、神功《じんぐう》皇后は天皇の妻です。

この大后《おおきさき》、オキナガタラシヒメノ命〈神功皇后〉は、その時、神憑りになった。それは、タラシナカツヒコノ天皇〈仲哀天皇〉が筑紫の訶志比の宮にあって、熊曾の国を伐とうとしていた時のこと、神を招くために天皇が琴をかき鳴らし、タケシウチノスクネノ大臣〈建内宿禰〉が、つつしみ清めた庭に控えて、神のお言葉をうかがった。すると大后に神憑りして、神が教えさとして告げるには、

「西のほうに一つの国がある。金や銀をはじめとして、目にまばゆいほどの珍しいさまざまの宝物が、その国には多い。私がその国を従わせてあげよう」

このように告げた。(『現代語訳　古事記』河出文庫)

神を招くために天皇が琴をかき鳴らし、それで神功皇后が神憑りし、庭に控えていた建内宿禰が、その言葉を聞くと、西の方にある豊かな国を攻めろというのです。

そのように神から告げられた仲哀天皇は西の方を見てみるのですが、そこには何も見えません。そこで、そんな国はないと言うと、神は怒り、「けしからん」と言い出します。そこで建内宿禰が「もう一回神にうかがいを立ててください」と天皇にお願いします。

仲哀天皇はあまり気が進まなかったのですが、しぶしぶもう一回くり返します。

この時も天皇が琴をかき鳴らしますが、すぐに琴の音が途絶えてしまいます。一体どうしたことかと、様子をうかがってみると、天皇の命が絶えていました。神の命令に背いたがゆえに、神は天皇の命を奪ってしまったのです。

こうした場面が吉野ケ里遺跡で復元されているわけで。神功皇后が卑弥呼らしい人物となり、その脇に琴を持って控えている男性は仲哀天皇をモデルにしていることになります。

アマテラスと住吉三神

天皇が亡くなった後に、建内宿禰がもう一度神にうかがいを立てると、神功皇后は妊娠しており、お腹の中にいる皇子がこれからの支配者になると言い出します。さらに、建内宿禰が、「ただ今、このようにお教えあそばされる大神は、どなたさまでございますするか、そのお名前をうかがいたいと存じます」と問いかけると、神は、「これはアマテラス大神の御心から出ている。これを執り行うのは、底筒男《そこつつのを》・中筒男《なかつつのを》・上筒男《うはつつのを》の3柱の大神である」と答えました。

「アマテラス大神の御心から出ている」のところを、どのように解釈したらいいのかは難しいところですが、要するにアマテラスの意思がそこに働いているのだと考えられます。となると、天皇の命を絶ったのはアマテラスになります。本来、アマテラスは天皇家の祖神ですから、そのアマテラスの系譜に連なっている仲哀天皇の命を奪ったということは、天皇家の祖神が子孫である天皇を殺したことを意味します。

それを実際に執り行ったのは、底筒男・中筒男・上筒男の3柱の大神です。これは、大阪にある住吉大社の祭神です。住吉大社は、3柱の神を祀るとともに神功皇后も祀っています。そこにある社殿は、普通の神社の並び方とは違って縦に3つ連なっていて、横に神功皇后を祀った4つ目のお宮がある形になっています。これは船団を表しているとも言われます。

それも、住吉三神が海の神、あるいは船の神とされるからです。この後の箇所では、神に命じられた通り、神功皇后は朝鮮半島に攻めていくことになります。いわゆる「三韓征伐《さんかんせいばつ》」を行うわけですが、住吉の神とアマテラスとは密接な関係があることになります。

神は、依代となる存在を通して、託宣を下します。それが、邪馬台国でも行われ、その後成立する大和朝廷においても行われた可能性があります。さらに、古事記や日本書紀には登場しない八幡神も託宣を下すことになり、それは社会に大きな影響を与えることになります。

大仏建立と八幡神

八幡神については、すでに前の章で触れましたが、この神は古事記や日本書紀には登場しないにもかかわらず、急速に台頭していった不思議な神です。特にその存在がクローズアップされたのが、東大寺に大仏が建立されたときでした。

東大寺の大仏を建立しようとしたのは聖武天皇ですが、その際に、八幡神に仕える巫女が宇佐神宮から平城京に上京しました。その巫女は、聖武天皇の娘にあたる当時の孝謙天皇、その頃は上皇になっていた聖武太上天皇、そして上皇の妃である光明子たちとともに、東大寺の大仏に礼拝をしています。

その際に巫女は神憑りして、八幡神の託宣を伝えます。八幡神は、「神である自分が天の神や地の神を率いて、必ずこの大仏建立という事業を完成に導きたい。建立に使われる銅を扱いやすい水に変え、作業に使われる草や木や土に自分のからだを混ぜ込んで、あらゆる障害を取り除こう」と告げたのです。

聖武天皇が何のために大仏を建てようと計画したのかというと、国家の鎮護を目指してのことでした。今とは考え方が大きく違いますが、大仏が建立され、それが鎮座していれば、国は安泰になると考えられていたのです。八幡神は、そうした大仏の建立に貢献しようとすることで、その地位を高めていったことになります。

上京した八幡神は、東大寺の鎮守神として手向山《たむけやま》八幡宮に祀られることになります。宇佐は都から遠いわけですが、八幡神はこうして平城京に進出し、その存在感を一層増すことになったのです。

道鏡にまつわる八幡神の託宣

八幡神の託宣が特に大きな意味を持ったのが、道鏡をめぐる事件の時でした。

道鏡は法相宗《ほっそう》の僧侶でした。法相宗は奈良時代の仏教の中心となる宗派で、藤原氏の氏寺として建立された興福寺は法相宗でした。法隆寺も、もともとは法相宗でした（今は聖徳宗）。ただ、この時代の宗派というのは、現在のような教団を形成するようなものではなく、仏教についての学問の学派として考えたほうがよいと思います。

聖武天皇の娘であった孝謙天皇は、いったんは譲位して天皇の座を降りますが、重祚《ちょうそ》して称徳天皇として再び即位しました。その時代に、道鏡は称徳天皇の寵愛《ちょうあい》を受けるようになります。この寵愛が具体的にどういうことなのかが問題になるのですが、769年に八幡神が道鏡を皇位につけるようにとの託宣を下します。

称徳天皇は結婚していなかったので、後継者がいなかったのですが、この天皇には、皇統は血統によって受け継がれるべきものではなく、仏教に対する正しい信仰を持つ者が受け継ぐべきだという考え方がありました。そこで、道鏡に法王の地位を与え、自らの後継者にしようとしたのです。

ただし、これは異例のことですから、もう一度、八幡神から託宣を得ようということで、和気広虫という女官が宇佐神宮に派遣されることになりました。これは広虫に巫女の役割を期待してのことだと考えられます。ところが、彼女は病気で長旅には耐えられないということで、弟の和気清麻呂が代わりに宇佐神宮に派遣されました。宇佐から戻ってきた清麻呂は次のような託宣を携えてきました。

「これまで我が国では君主と臣下は厳格に区別されており、臣下が君主となった例はないので、皇統につらなる人間を皇位につけるべきだ」というのです。

天皇はそれに対して激怒したとされ、清麻呂を左遷し、さらには流罪に処します。ただ、託宣には従い、天皇は道鏡に皇位を継がせることを諦めます。それだけ、八幡神の託宣は重要な役割を果たしたことになります。当時の八幡神が、国家の命運を左右する力を持つ神として捉えられていたことが分かります。

3　祟るからこそ神

祟るアマテラス

神による託宣が政治を左右するなどということは、現代では理解できないことですが、それも、古代において、神は「祟《たた》る」存在で、恐ろしいものとみなされていたからです。仲哀天皇の命を奪ったのも、それが関係します。それはアマテラスにも八幡神にも共通して言えることです。

アマテラスについては次のような話があります。それは、第10代の崇神天皇のときのことですが、この時代の天皇が実在したかどうかは分かりません。その時代に国内で疫病が流行し、多くの人間が亡くなりました。百姓たちも、生活が苦しいので、どこかに逃げてしまいました。災難が降りかかり、人心が離れてしまったのです。

そこで、その原因が探し求められたのですが、宮中において、アマテラスと倭大国魂神《やまとのおおくにたまのかみ》（日本大国魂神）という2つの神を同時に祀っていることが、その原因ではないかということになり、2つの神を宮中から外へ出すことになりました。

アマテラスについては、豊鍬入姫命《とよすきいりひめのみこと》という姫に預けられて、いったんは倭の笠縫邑《かさぬいむら》という所に移されます。一方、倭大国魂神については、別の姫に託されたのですが、その姫は髪が落ちて痩せ衰え、神を祀ることができませんでした。その後、この神は大和《おおやまと》神社に祀られることになりました。

これは神が憑依し、あまりにそれが強力であったため、依代がそれに耐えられなかったのだと考えられます。神を祀るということは、古代において、相当に大変な、命懸けの行為だったのです。

一方、アマテラスについては、倭姫《やまとひめ》に託されることになります。倭姫は、今の滋賀県や岐阜県などを回って、アマテラスを鎮座させる場所を探すのですが、最終的に伊勢にたどり着きます。

伊勢にたどり着くと、アマテラスは「ここはとってもよい国だから、ここにいたい」と言い出し、それでアマテラスは伊勢に鎮座することになりました。こうして伊勢神宮が誕生したのです。

これはあくまで神話です。実際に伊勢神宮がどうして伊勢に祀られるようになったのか、それを教えてくれる歴史的な資料は存在しません。ですから、想像をたくましくするしかないのですが、重要なのは、皇祖神とされるアマテラスが祟るものとして捉えられていた点です。祟るからこそ、それを祀らなければならない。古代の人々には、そうした意識が存在したのです。

八幡神の心が荒れたとき

八幡神の場合も、祟る神としての性格を持っていました。

現在は小椋山というところに宇佐神宮が鎮座しています。明治よりも前の時代、宇佐八幡宮とも呼ばれましたが、宇佐八幡宮弥勒寺という形で、神仏習合の形をとっていました。神仏習合については、第4~5章で触れることになります。

宇佐神宮が現在地に鎮座するまで、伊勢神宮の場合と同様に、各地を移っていきました。鎮座する場所が変わっていったのです。今でもそうした神社が宇佐神宮の境外社として残っています。乙咩《おとめ》神社、泉神社、瀬神社を経て、鷹居神社、小山田神社がそれにあたります。問題は鷹居神社にあった時代で、八幡神の心が荒れ、5人のうちなら3人を殺し、10人のうちなら5人を殺すほどだったとされています。

これはアマテラスと共通するわけですが、八幡神は、多くの人たちの命を奪ってしまう恐ろしい神だったのです。鎮座する場所が移っていったのも、なかなか神が気に入る場所を見出せなかったからでしょう。

八幡神が、すでに見たように、朝廷と強い結びつきを持つようになったのも、それがもともと強力な神で、祟る力、人を殺す力を持っていたからです。放置しておけば、どんな災いが起こるかもしれません。そこで、人々は神の心を安定させようと、必死にそれを祀ったのです。

神を鎮めるための祭祀

次の章で詳しく解説しますが、古代において、神社の原型となるものは磐座《いわくら》でした。巨大な岩です。

伊勢神宮の場合にも、あまり知られていませんが内宮のところに磐座がありま す。宇佐神宮の場合も、もともと御許山《おもと》という神体山にあった3つの磐座から、その信仰が発していると考えられます。

磐座において祭祀を行うときには、そのたびにそこに祭壇を設け、供物を捧げます。おそらく古代の人々の感覚では、祭祀を行うときには、実際にその場に神が現れると考えられていたことでしょう。磐座は神が現れる場所であるという感覚が非常に強かったのではないかと思われます。

どうやって神が現れたのかと言えば、これまで述べてきた託宣に見られたように、依代となる巫女が神憑りしたのではないでしょうか。シャーマニズムの実践です。

供物としてはかなり豪華なものが捧げられましたが、いったん祭祀に使われたモノはもう二度と使われず、その場に破棄されました。磐座周辺で発掘が行われることがありますが、その際に、祭祀に使われた道具がたくさん出土します。出土するということは、そこに放棄された、捨てられたままになったということです。

祭祀が行われた際には、その場に神が現れるわけで、その神とかかわったモノには、神の霊力が宿っていて、それを持ち帰ったりしたら、祟られるという感覚があったのではないでしょうか。

古代から中世にかけての政治

古代から中世にかけての政治を振り返ってみるならば、いかにして神、あるいは仏を祀るかということが政治の中心になっていました。今は「政教分離」ということが強調され、政治と宗教は切り離されていますが、古代から中世まで、宗教が政治の中心にあったのです。近世においても、まだその傾向はありました。

何か重大な災厄が起こったとき、地震や風水害ということになりますが、その際には、神や仏に祈願するしか手立てがありませんでした。地震や風水害が起これば、飢饉が起こり、そうなると人々は飢えて死ぬだけではなく、疫病も流行します。

現代なら、疫病が流行したとき、その原因を特定し、対策を立てることもできます。しかし、昔は、そうしたことは不可能でした。特に平安時代に平安京が生まれ、そこが長く都になると、密な環境が生まれたのでしょう、頻繁に疫病が流行しました。太宰府から流行が広がることがあったので、大陸との関係が密接になったこともその原因になったと考えられます。しかし、その時代には、疫病は、政争の結果、恨みを持って亡くなった人間の霊が祟ったものと考えられ、それを鎮めるために、神仏に祈ることが行われたのです。

雨が降らないという事態も飢饉に結びつきました。そこで朝廷は、必死に雨乞いをするため、そのご利益があるとされる神社に奉幣を捧げました。また、修行によって霊的な力を持つとされた密教の僧侶が高く評価され、疫病をおさめ、貴人の病を治すための祈禱がくり返し実践されました。このように政治と宗教は密接な関係を持っていました。それほど、祭祀、祈禱ということは重要で、政治の中心的な課題でもあったのです。

沖ノ島の祭祀

古代において大和朝廷が行ったと思われる祭祀として、非常に大規模なものが沖ノ島（福岡県）で行われたものです。ただし、日本書紀などの文献史料には出てこないので、誰が何のために行ったものなのか、はっきりとは説明ができません。

沖ノ島には、宗像大社の沖津宮があります。最近、沖ノ島は世界遺産に登録されました。「『神宿る島』宗像・沖ノ島と関連遺産群」という形でです。それまでも沖ノ島には簡単に行くことができなかったのですが、世界遺産に登録されたことを機に、神社の神職以外の人間がそこに行くことがまったくできなくなりました。それまでは1年に1度、海軍記念日に、一般の人たちも、男性だけではありますが、この島に参拝に訪れることができたのですが、それも廃止されてしまいました。

沖ノ島では4世紀から10世紀までの間、場所を変えながら祭祀が行われていました。戦後、発掘調査が行われ、祭祀に使われた道具が8万点以上発見され、それらは現在ではすべて国宝に指定されています。その中には、朝鮮半島や中国からやってきた鏡や唐三彩、金銅製の馬具、ペルシャからきたガラス器など、実に豪華なものが多く含まれています。

そのため、沖ノ島は「海の正倉院」とも呼ばれます。それだけ貴重なものを使って祭祀ができるのは、地方の勢力ではなく、日本全体を支配するようになった大和朝廷ではなかったかと考えられます。

沖ノ島は玄界灘に浮かぶ孤島ですから、今なら簡単に行き来ができますが、昔は行くこと自体が相当に大変だったはずです。しかも、祭祀を行った人々は、膨大な供物を持っていきました。

問題は祭祀が行われた季節です。私は、真冬に行われたのではないかと考えています。というのも、これは、世界の民族に共通することでもあるのですが、一年でもっとも重要な日は、そこから日が長くなる冬至です。日本の正月もクリスマスも冬至に近い時期に行われます。それも冬至を境に、古い年が終わり、新しい年が始まると考えられたからです。

真冬に昔の船で沖ノ島まで渡っていくのはそれだけでも大変なことです。そして、祭祀は、真夜中に行われたはずです。現在でも、伊勢神宮の式年遷宮がそうですが、神を遷すような重要な祭祀は夜に行われます。天皇の代替わりの際の「大嘗祭《だいじょうさい》」も同様です。沖ノ島でも、真冬の真夜中に行われたことでしょう。夜は、神が現れるのにもっともふさわしい時間帯になるのです。

真冬の真夜中、沖ノ島にある磐座には、強い風が吹いていたかもしれません。そのとき、そこに集った人々は、神がそこに現れたと感じたはずです。神が現れないのであれば、そうした祭祀をやる意味がなかったとも言えます。

そして、祭祀が終わると、そこで使われたモノはすべてその場に破棄され、人々は島を去っていったのです。そうした行為が、何世紀にもわたってくり返されたというのは、驚異的な出来事ではないでしょうか。

稲荷山のお塚

日本人は、最初、磐座のところで祭祀を行っていました。沖ノ島以外でも、第1章で触れた奈良の大神神社がそれにあたります。そうした神社はいくらでもありますが、京都の伏見にある伏見稲荷大社にも、それを見ることができます。

伏見稲荷大社には稲荷山があります。稲荷山は、伏見稲荷大社の神奈備《かむなび》（神々が留まる森林を抱く山）とも考えられるのですが、三輪山とは異なり、禁足地にはなっておらず、自由に登ることができるようになっています。それは最近のことではなく、平安時代には稲荷山をめぐる「お山詣」という風習がありました。

『枕草子』の中に、清少納言がお山詣に挑んだ話が出てきます。稲荷の祭は初午に行われますが、その日にお山詣をするのです。あまりに暑く清少納言は途中ですっかり疲れはててしまいます。旧暦の初午は3月の終わりから4月になることがあります。だから暑いのです。すると、後から来た人たちが、彼女を次々と追い越していきます。

清少納言は、それにすっかり感心してしまっているのですが、そうした人の中に、40歳くらいの女性がいて、彼女は周囲の人々に、自分は7回お山詣をすることを目標にしていて、すでに4回目だと話していました。この分なら、今日は昼過ぎに下山することができるというのです。

枕草子では、その女性は普段なら注目を浴びない平凡な人間だが、今日だけはうらやましいとあります。清少納言がお山詣をなしとげたとは書かれていません。もしかしたら、彼女は途中で諦め、家に戻ってしまったのかもしれません。

稲荷山には劔石という大きな岩があり、これが磐座になります。他に、三つある峰というところから祭祀遺跡が見つかっています。稲荷山では、古来祭祀が行われていたのです。現在では峰を中心に「お塚」と呼ばれる神名が刻まれた大小さまざまな石碑がいたるところに建てられて人々の信仰を集めています。

お塚の神の名前はいろいろとあるようですが、これは奉納者が稲荷大神に親しみを込めてつけた名前です。

こうしたお塚は、古代からあるわけではなく、明治以降に建てられるようになりました。現在では、数千基を超えるお塚があります。一時は、稲荷山にお塚を祀ることが盛んに行われ、神社がそれを規制する期間もありました。当然、清少納言の時代にはお塚はありません。そして、今では伏見稲荷大社の名所になっている「千本鳥居」もなかったのです。

今でもそうですが、それぞれのお塚には、それを信仰対象とする人たちが、小さな鳥居を奉納しています。そうしたところから、稲荷山に鳥居を奉納する習慣が生まれた可能性があります。千本鳥居も、お塚と同様に、江戸時代、特に盛んになるのは明治以降の新しいものなのです。ですから、江戸時代の名所図会などを見ても、稲荷山には鳥居はほとんど見られません。

大嘗祭

古代を感じさせる祭祀が現在にまで受け継がれている例としては、すでに触れた「大嘗祭」をあげることができます。

大嘗祭は、天皇が代替わりしたときに行われる祭祀で、平成から令和に変わったときにも大嘗祭が営まれました。

大嘗祭を行う際には、大嘗宮という仮のお宮が建てられます。今の大嘗宮はかなり立派なものになっていますが、もともとはもっと簡単なものでした。今で言えば、プレハブの建物、あるいはテントを臨時に建てるようなものでした。そのため大嘗祭が終われば、すぐに撤去されました。現在では、国費が使われていることもあり、すぐには撤去されず、国民に公開されました。

大嘗宮は、悠紀殿と主基殿からなっていて、新しく即位した天皇は、その2つの建物で同じ祭祀を行います。建物の中には、天皇が座る御座と、神の座である神座がありますが、その横には、寝座も設けられています。その寝座がどういった役割を果たすものなのか、いろいろと議論があるのですが、天皇が寝座に入り、そこで「天皇霊」を受け継ぐという説も立てられました。ただ、最近では、この説は否定されるようになっています。

天皇は、神座の前にさまざまな供物を捧げます。もっとも重要なものは、米と酒です。大嘗祭が行われることになると、2つの国が指定され、そこにある田で大嘗祭のために用いられる稲が栽培されることになります。その稲から作られた米と酒を天皇が神に供えるのです。稲作というものが重視されてきた、日本の社会にふさわしい祭祀であると言えます。

この儀式も深夜に行われます。深夜の暗い中で行われるわけで、それこそが神が現れるにふさわしい環境なのです。この祭祀を主宰する天皇は、果たして神が目の前に現れたと感じるのでしょうか。それは伺ってみたいところですが、今のところ、それを知るすべはありません。

大嘗祭のような、古代に遡る祭祀が、現在でも行われているということは、極めて重要なことであると考えられます。それは、政治の中心に祭祀があり、宗教があるということを意味します。

大嘗宮内部の図

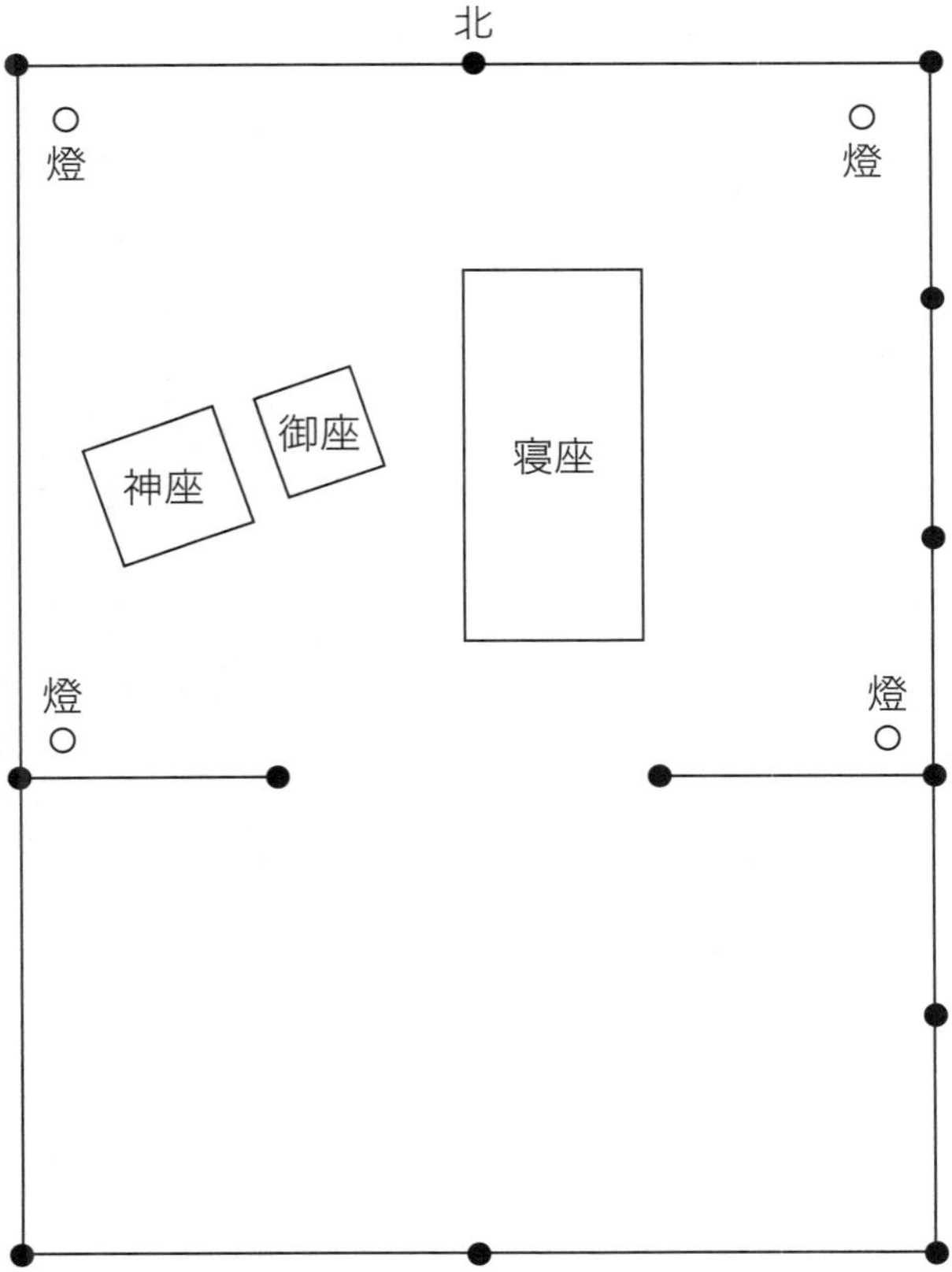

参考：大嘗祭　Wikipedia

政治は「まつりごと」とも呼ばれますが、まつりごとは「祭り事」でもあります。そこに、政治と宗教とが一体の関係にあることが示されています。

現代の政治では、「政策」ということが重視されますが、古代から中世にかけては、「祭祀」が最重要の政治課題だったのです。神の力に頼らなければ、あるいは神仏の力に頼らなければ、政治を行うことができない。それほど祭祀は重要な意味を持っていました。

そして、祭祀を行う場には、実際に神が現れたのです。少なくとも、そこに集った人々は、神が現れたと強く感じたはずです。この感覚は、現代の人間には失われてしまったかもしれませんが、古代から中世にかけて、日本の人々は神とともに暮らしを営んでいたのです。

第4章

神社の歴史

1　神社の社殿はいつからあるのか

神社の背景にある神道の場合、その歴史を追う作業はかなり難しいものになります。ですから時代を順に追った神道史の本もありません。史料がどうしても限られてくるからです。神社の歴史についても同様ですが、ここでは、古代、中世、近世、近代と、時代を4つに分けて、それぞれの時代の特徴的な部分を明らかにしていこうと思います。

ただ、その前に、神社の社殿というものが、いったいいつからあるのか考えておきたいと思います。

廃寺と廃社

全国には、すでに廃れてしまったお寺、「廃寺」がいくつもあります。例えば、鎌倉には、永福寺《ようふく》というお寺の跡があります。建物は再現されていませんが、そ

永福寺跡

牛頭天王社跡

の跡があり、かなり大きな寺であったことが分かります。こうした廃寺は全国にあります。では、古い神社の跡、「廃社」ということになると、目立ったものはありません。

なぜでしょうか。どの神社もずっと続いているわけではありません。明治時代には、「神社合祀」が行われました。民俗学者の南方熊楠が、この神社合祀に反対したことはよく知られていますが、その際には、町や村の中に神社は一つでいいということで、多くの神社が廃止されました。

当時の政府の政策として、神社に対してお金を出していたり、神職に対して官吏として給料を支払っていたりしたので、多く費用を賄えないということで、神社合祀が行われました。その結果、1905年の時点で全国に19万5000社あったものが、その5年後には14万1000社と5万社も減少しています。地域によって違いがあり、熊楠がいた和歌山では、それ以上の割合で神社合祀が進められました。

したがって、廃社は全国にあるはずなのですが、その跡を見出すことは難しくなっています。

ただ、まったくないわけではありません。それは、奈良の吉野を訪れたときにたまたま私が目にしたものですが、「牛頭天王社跡」という石碑が建っていました。牛頭天王は疫病を治める存在で、京都の八坂神社では、もともと祭神として牛頭天王を祀っていました。そうした神社は全国にあって、東京だと、品川神社が牛頭天王を祀っていましたた。明治以降は、それがスサノオノミコトに変わるのですが、それも牛頭天王とスサノオが習合したからです。ただ、吉野の場合には、スサノオを祀る神社に変わるのではなく、廃社になってしまったのです。

廃社の跡が数多く残されていれば、神社の歴史ももう少しはっきりと分かってくると思うのですが、そうした作業は難しいものになっています。

最古の神社建築

では、現存する最古の神社建築はどこなのでしょうか。それは、京都の宇治上神社です。

それは宇治にあります。宇治で有名なのが平等院鳳凰堂です。極楽浄土を模した寺院ですが、それと宇治川を隔てた反対側に、宇治神社があり、さらにその奥に宇治上神社があります。この2つの神社は祭神が共通していますので、もともとは1つだったのではないかと思われます。

宇治上神社の本殿は覆屋になっていて、その中にそれほど大きくはない社殿が3棟並ぶ形になっています。覆屋は、平泉の金色堂にもありますが、宇治上神社は金色堂ほど立派なものではありません。宇治上神社の社殿で使われている木材を調べてみると、1060年頃のものが使われていることが分かりました。平安時代の後期に建てられたものになります。これよりも前に建った神社の社殿もあったはずなのですが、それは残されていませんし、廃社とされるものもありま

宇治上神社

宇治上神社内部

せん。

信貴山縁起絵巻の社

もう一つ、古い史料となるのが「信貴山縁起絵巻《しぎさんえんぎえまき》」です。飛鳥時代や奈良時代に絵巻物があれば、その中に神社が描かれている可能性があるのですが、残念ながら絵巻物は平安時代後期までは作られませんでした。

信貴山縁起絵巻は、絵巻物の中で一番古いものの一つで平安時代の終わりに作られたもので、その中に尼公《あまぎみ》の巻があります。それは、行方不明になった弟を探す女性の物語です。そこに、小さな社が出てきます。今で言えば、屋敷神にあたるような大きさのものです。

信貴山縁起絵巻の方が、宇治上神社の社殿より新しいものですが、2024年のNHK大河ドラマ『光る君へ』では、絵巻と同じような小さな社が何回か出てきました。その代わり、大規模な神社の社殿は出てきませんでした。あのドラマはしっかりと歴史を踏まえていたのではないでしょうか。

「一遍聖絵」の石清水八幡宮

これが少し後の絵巻物になると、変化が見られます。

鎌倉時代に現れた宗祖の一人に時宗の一遍上人がいます。一遍は、全国を遊行してまわったのですが、その死後に、「一遍聖絵《ひじりえ》」が作られます。一遍が亡くなって10年後に作られたのですが、一遍に同行した弟子が文章を書いていて、それを作るために絵師を同行させて、一遍がまわったところをもう一回まわっています。

ですから、そこに描かれている光景は、当時の姿をそのまま示していることになります。「一遍聖絵」ができたのは1299年です。そこには、京都の石清水《いわしみず》八幡宮《はちまんぐう》が出てきます。正確に言うと、神仏習合の時代なので神社とお寺が一体化している石清水八幡宮護国寺だったのですが、それを見てみると、現在の社殿とほぼ同じ形をしています。

「一遍聖絵」にはもう一つ、安芸の宮島、厳島神社の光景も描かれています。こちらは、現在ほど立派なものではありませんが、海に社殿が突き出す特徴的な光景がそこに描かれています。一遍は「踊り念仏」で有名になるのですが、厳島神社では、貴人として丁重な扱いを受け、舞楽を見物しています。

このように、13世紀の終わりの時点では、今日のような社殿が建っている神社が生まれていたことがはっきりと分かります。石清水八幡宮の場合には、護国寺という寺でもあったわけですから、寺院建築が神社建築の発展を促した可能性があります。

鳥居だけの神社

これは「一遍聖絵」とさほど変わらない時代の絵なのですが、京都の亀岡にある出雲大神宮に伝わっているものがあります。出雲大神宮は、かつては出雲神社と呼ばれており、出雲大神宮の側では、出雲大社はこちらが発祥の地だとしています。

その出雲大神宮に伝わっているのが、「出雲神社牓示図」です。牓示図とはどこまでが自分の領地であるかを示した絵地図になります。その絵を見てみると、右下に、他の山に比べて鮮明に木の形が描かれている山があります。これが出雲大神宮の神体山になるのですが、山の麓には鳥居が1基だけ描かれています。

鳥居の手前には3棟の小さな建物がありますが、鳥居の手前ですから、神社の社殿ではありません。この牓示図については、1234年の文書に出てきますので、描かれたのは鎌倉時代の13世紀と考えられます。「一遍聖絵」よりは前になりますが、神体山の麓に鳥居だけがある神社が、この時代には存在したことになります。

ですから、昔から神社の社殿がどこにでも建っていたわけではありません。神社建築については、そのことを念頭においておく必要があります。

2　神社の歴史　古代編

磐座からの始まり

では、神社の歴史を、古代から追っていくことにしましょう。

ここでも出雲大神宮を例にあげますが、社殿から右の方に登っていくと、大きな岩、「磐座」があります。そこまで行くには社務所で受付をして、たすきを受けとらなければなりませんが、磐座にはしめ縄が張られていて、それが神聖なものであることが分かります。

磐座は、牓示図に描かれた神体山である御影山にあります。磐座があったがゆえに、御影山は神体山になったと考えられます。出雲大神宮の信仰は、磐座から発していることになります。

神社の信仰をたどっていくと、古くからある神社であれば、必ず磐座にぶち当たります。その点で、古代の神社とは、磐座のことであったとも考えられるのです。その磐座のところに祭壇を設けて、そこで祭祀が行われたのです。

伊勢神宮の内宮磐座

日本の神社界の中心に位置づけられている伊勢神宮の場合にも、磐座から始まった可能性があります。

伊勢神宮について説明がされるとき、磐座があるという話は出てきません。しかし、伊勢神宮の内宮には磐座があります。それが、「内宮磐座」と呼ばれるものです。

伊勢神宮の内宮には、社務を司る神宮司庁というものがありますが、内宮磐座はそのすぐ近くにあります。問題は、その位置です。

伊勢神宮は、内宮と外宮の2つに分かれていて、内宮が皇大神宮、外宮が豊受大神宮になりますが、他に別宮や摂社末社などがあり、全部で125のさまざまなお宮から成っています。その中で、内宮と外宮に次ぐ重要性を持っているのが、内宮のすぐ北にある荒祭宮で、それは別宮の中でも別格の重要性を持っています。その重要性は、20年に1度の式年遷宮が行われるときに、内宮と外宮と同時に荒祭宮も新築されるところに示されています。他のお宮はその後順次建て替えられていきます。

荒祭宮の祭神は、内宮に祀られている天照大神の荒御魂になります。荒御魂というのは、神の荒々しい側面を示しています。

この荒祭宮は内宮の真北に鎮座していますので、内宮で拝礼を行ったとき、参拝者は、もちろん意識してはいませんが、同時に荒祭宮を拝む形になります。さらに荒祭宮の真北に内宮磐座があるのです。

内宮で拝礼をするということは、荒祭宮を、さらには内宮磐座を拝む形になっています。そこに、内宮磐座の重要性が示されています。

ところが、伊勢神宮の側は、内宮磐座の存在を無視しています。案内板もありませんし、しめ縄が張られているわけでもありません。

しかし、すぐ脇が平地になっていて、そこでは、式年遷宮が行われる際の最初の儀式である山口祭が営まれます。次の遷宮は2033年になりますが、2025年5月に山口祭が予定されています。

一般の建物をたてる際に地鎮祭が行われますが、山口祭はそれに相当するものと考えられます。それだけ重要な儀式が、内宮磐座のすぐ脇で行われるわけですから、そこに内宮磐座の重要性が示されていると考えることができます。

ですから、内宮磐座のあるあたりを発掘してみるならば、祭祀が行われたことを示す遺物が出てくるのではないでしょうか。伊勢神宮の信仰も、磐座から発していている可能性があるのです。

大神神社の三輪山

磐座から神社の信仰が始まることをもっともよく示しているのが、奈良の大神神社の場合です。大神神社は、神社信仰のもっとも古い形を残していると言われています。

大神神社の神体山にあたるのが三輪山ですが、三輪山の麓には大きな鳥居が建っています。その光景は、先ほどの「出雲神社牓示図」に示されたものと重なってきます。その三輪山の山中には、やはり磐座があるのです。

三輪山は神域になっているので、大神神社の神職でさえ、そこに入ることはできません。麓のところには、「これより先は禁足地です　許可なくご神域に足を踏み入れないでください　聖域を汚さないようご協力をお願いします」という立て札がたっています。

そのため、三輪山には原生林が広がっているのですが、山頂に高宮神社という奥宮があるために、そこへ参拝するための道だけは、一般の人でも登ることができるようになっています。昔は許された者しか登れなかったのですが、今は一般に開放されています。

大神神社の摂社に狭井神社があり、そこで手続きをして登拝料を納めると、出

三輪山

告
是より先は禁足地です
許可なくご神域に足を
踏み入れないで下さい
聖域を穢さないよう
ご協力お願い致します
大神様はいつも
ご照覧になっておられます
大神神社社務所

雲大神宮のように紙でできた襷を渡されます。それと、案内図と入山心得が渡されます。

私も一度登ったことがあります。慣れた方であれば2時間ぐらいで登り降りができるようですが、通常は3時間くらいかかります。したがって、登拝受付は正午までになっています。夜になると真っ暗になってしまいますから、危険です。

実際に登ってみると、山中でさまざまなものに出会います。例えば、三光の滝という滝があります。そこには着替えができる建物があるのですが、それは滝行を行うためです。三輪山には、そうした修験道に通じる信仰も生きています。

重要なのは2つの磐座です。途中に中津磐座があり、山頂の高宮神社の奥に奥津磐座があります。どちらの磐座にもしめ縄が張られていて、そこが神聖なものであることが示されています。

入山心得の中には、写真撮影やスケッチを禁止するとされていますが、他に、供物は必ず持ち帰るようにと指示されています。あるいは、磐座の前に供物を捧げて祈ったりする人が今でもいるのでしょうか。昔は、磐座のところで祭祀が行われていたことに間違いはありません。

麓には、辺津磐座があるはずなのですが、今ではその場所がどこか分からなくなっています。ただ、その候補地の一つとして山の神遺跡があり、そこにはやはり磐座があるのですが、そこからは、祭祀に使われたさまざまなものが発掘されています。大神神社の祭神である大物主神は酒の神ともされていますが、発掘されたものの中には、酒を造る用具のミニチュアも含まれています。

大神神社での祭祀の変遷ということになると、最初は磐座での祭祀でした。次には、磐座のある三輪山自体が神域であると考えられるようになり、神域を世俗の社会と区別するために、麓のところに鳥居が建てられました。大神神社の鳥居は「三ツ鳥居」といって、一般の鳥居を3つ合わせた形になっています。現在では、拝殿の奥、三輪山の手前にあります。

次の段階になると、三輪山を神体山として拝むために拝殿が建てられました。

大神神社では、鎌倉時代になって初めて拝殿が建てられました。一般の神社なら、次に本殿が建てられることになるのですが、大神神社ではそこまでは進まず、今でも本殿はありません。

神話の再現

玄海灘の沖に浮かぶ沖ノ島での祭祀については、すでに第3章で触れました。そこにも磐座があり、そこで古代に祭祀が行われていたわけです。

長い間、沖ノ島は「不言様《おいわずさま》」と言われ、漁師が嵐になって島に漂着しても、島内で見たことを口外してはならないというタブーがあり、それはかなり厳格に守られてきました。

しかし、戦後になって、地元の名士である出光興産の出光佐三が中心になって発掘調査が行われました。それによって、膨大な数の遺物が発見されたのですが、問題は、そうした遺物を使ってどういう祭祀が行われたのかです。

それについて仮説を立てたのが、国文学者で民俗学者の益田勝実でした。その仮説は『秘儀の島』（筑摩書房）という本の中で詳しく述べられています。

益田が注目したのが、古事記に出てくる「誓約《うけい》」の場面です。

イザナギが黄泉の国から戻ってきたとき、その穢れを祓うと、アマテラスとツクヨミ、それにスサノオが生まれ、それぞれどういった国を支配するかが決められます。

ところが、スサノオは、まだ見ぬ母が恋しく黄泉の国へ行きたいと駄々をこねます。そのため、姉であるアマテラスのいる高天原に登っていくのですが、アマテラスは弟が高天原を乗っ取ろうとしているのではないかと疑います。そこで武装してスサノオを迎えます。相対した姉弟は、お互いに持っていたものを砕き、そこから生まれるものによってお互いの正しさを証明しようということになります。これが誓約です。

アマテラスの方が男の神を生んだらアマテラスは正しい、スサノオが女の神を生んだらスサノオが正しいということになるのですが、どちらもそれに成功します。これによって、スサノオが、高天原を奪いに来たわけではないことが証明されます。

益田は、発掘調査の報告書をもとに、発掘された品々や、それが残されていた場所をもとに、沖ノ島の7号遺跡と呼ばれている場所では、この誓約の場面が儀式として演じられた可能性を仮説として立てたのです。

たしかに、遺物は3つの箇所に集中していて、東と西の箇所は、古事記において、アマテラスとスサノオが着ていたものや身につけていたものと合致します。そして、中央のところにあるものは、誓約の場面で生まれた宗像三女神の姿を示しているように見えてきます。

この祭祀は、規模の大きさから、大和朝廷によるものと考えられるのですが、文献史料がまったくないので、この仮説を証明することはできません。

しかし、古代においては、神話に描かれていることを儀礼として再現するということが、世界各地で行われていました。沖ノ島での祭祀は、極めて重要なもので、おそらく、その場には実際にアマテラスやスサノオといった神が現れたと考えられたのではないでしょうか。少なくとも、その祭祀を司った古代の人々はそのように考えたはずです。神社の祭祀のもっとも古い形態は、そうした磐座をめぐる祭祀だったのです。

3　神社の歴史　中世編

神仏習合

中世以降になってくると神仏習合という事態が進行し、それによって神社のあり方も大きく変わっていくことになります。

日本に仏教が公式にもたらされたのは6世紀の中盤頃と考えられますが、日本人は、高度な宗教思想、宗教哲学であるところの仏教に魅了され、その信仰は大きく広がっていきます。飛鳥時代から奈良時代、そして平安時代に至るなかで多くの寺院が建立され、数多くの僧侶が現れました。

そして、平安時代になると、神仏習合という事態が進行し、その中で「本地垂《ほんじすい》迹説《じゃくせつ》」が唱えられるようになっていきます。本地垂迹説においては、仏の世界がもとにあり、これを本地と言います。日本の神は、本地となる仏が仮に姿を現したもの、垂迹だというのが本地垂迹説です。そこは、仏教発祥の地であるインドで、「化身」という考え方があったことに影響されたと考えられます。これによって、仏と神が結びつけられ、仏教と神道、寺院と神社の融合が推し進められることになったのです。

神宮寺

神仏習合を象徴する存在が、「神宮寺」でした。神宮寺は神社の境内に建てられた寺院のことを言います。

なぜ神宮寺が生まれたのかといえば、それは、神社に祀られた神が、仏道修行を望んでいるからです。その背景には輪廻の考え方があります。神として生まれたのは罪業の結果であり、神も解脱して、輪廻のくり返しから脱したいと願っているというわけです。その解脱を、神宮寺の僧侶に助けてもらいたいと神が望んだことで、神宮寺が建てられたのです。

それを象徴しているのが、「僧形八幡神像」です。これは、中世の時代にいくつも造られています。もっとも有名なのは鎌倉時代の仏師、快慶が造ったもので、それは東大寺に所蔵されています。八幡神は剃髪し僧服を身にまとい、錫杖《しゃくじょう》を携えています。一見すると神には見えないのですが、こうした神像がいくつも造られました。

神宮寺の中で、一番地位が高いのが「別当」と呼ばれる僧侶で、別当が神宮寺と神社の双方を管理しました。僧侶は、神の解脱を助けるために神前で読経を行いました。

僧侶が神前で読経することは、今ではあまり考えられないことですが、中世にはそれが当たり前の姿でした。現在でも、藤原氏の氏神である奈良の春日大社では、正月2日に「日供始式並興福寺貫首社参式」というものが営まれます。これは、やはり藤原氏の氏寺である興福寺の僧侶が、貫首を先頭に春日大社の本殿までやってきて、そこで法要を営むものです。

宇佐八幡弥勒寺跡

神宮寺の跡が残っている例もあります。それは宇佐神宮の場合です。かつての宇佐神宮は宇佐八幡宮弥勒寺の形をとっていました。つまり、宇佐神宮は、八幡神を祀る神社であるとともに、寺院でもあったのです。

弥勒とは弥勒菩薩のことです。仏教には弥勒信仰があり、特に日本に仏教が取り入れられた初期の時代にはそれが盛んでした。弥勒菩薩は兜率天《とそつてん》にいるのですが、56億7千万年後に地上に降りてきて、釈迦が救えなかった衆生を救うという

宇佐八幡弥勒寺跡

のが弥勒信仰です。そうした信仰が、宇佐神宮に取り入れられたのです。

弥勒寺は相当に規模の大きな寺院で、奈良の薬師寺と同じように、手前に2基の五重塔が建ち、本堂である金堂の背後に講堂があり、回廊がめぐっているという形をとっていました。ただし明治に入ったときの神仏分離によって、それらは完全に一掃されてしまいました。現在では、建物の礎石しか残っていません。それでも、そこからは往時の壮麗な寺院の姿を思い起こすことができます。

八幡神は宇佐神宮から京都の石清水八幡宮に勧請され、さらに、鎌倉の鶴岡八幡宮に勧請されました。石清水八幡宮も石清水八幡護国寺でしたし、鶴岡八幡宮も鶴岡八幡宮寺というお寺でした。鶴岡八幡宮の場合、江戸時代の境内図で確認すると、奥に八幡宮の社殿が建っていて、階段下の横に若宮があり、そこまでは現在と同じなのですが、他に仏塔や護摩堂、薬師堂といった建物が建っていたことが分かります。

鎌倉時代の鎌倉には、先述の永福寺がありましたし、こちらも跡しか残っていませんが勝長寿院、そして鶴岡八幡宮寺が三大寺院とされ、鎌倉幕府にとって重要な存在でした。このうち、永福寺と勝長寿院は廃寺になり、鶴岡八幡宮寺の場合には、明治時代に入って、神仏分離の影響で、仏教関係のものは一掃されてしまいました。仏塔がしだいに壊されていく様子を示す写真も残されています。

春日宮曼荼羅

奈良の春日大社は藤原氏の氏神で、その近くにある興福寺が藤原氏の氏寺になるわけで、両者は密接な関係があるのですが、平安時代以降になると、「春日宮曼荼羅」が数多く作られるようになります。

その基本的なパターンは、一番下の部分に五重塔が2基建っていて、これが興福寺の境内を表しています。現在、五重塔は1基しかありませんが、昔は2基でした。そこから参道が真ん中を通っていて、上には春日大社があります。そこに描かれた春日大社の社殿の様子は今と同じで、4棟の本殿が左側にあって、右側には若宮があります。

その背後に春日大社の神体山となる御蓋山《みかさやま》があります。御蓋山のところには5つの円が浮かんでいて、その中には仏の姿が描かれています。これが、春日大社の5柱の祭神の本地仏になります。本地仏は、興福寺の各堂宇に本尊として祀られています。

こうした春日宮曼荼羅が大量に作られた背景には、平安時代になって、藤原氏が奈良から平安京に移っていったということがあります。現在なら、京都から奈良まで電車で1時間もかからずに行けますが、昔は徒歩で行くしかありませんでした。となると、平安京の藤原氏の人々は、簡単には奈良の氏神や氏寺に参拝できなくなりました。

そこで、平安京にある藤原氏の邸宅に春日宮曼荼羅を掲げて、その前で正装して拝礼をしていました。そのために、大量の春日宮曼荼羅が作られたのです。

伊勢両宮曼荼羅

中世において、神仏習合の波は、伊勢神宮にまで及びました。奈良の正暦寺というところに、南北朝時代、14世紀のものとして、「伊勢両宮曼荼羅」が残されています。

これは、内宮と外宮を別に描いたものですが、それぞれの社殿の上には円が描かれていて、内宮の方は太陽、外宮の方は月になっています。

四隅には、四天王の姿が描かれています。四天王は、寺院で本尊を守る役割を果たしていますが、ここでは、伊勢神宮の境内を結界する形になっていて、社殿を守っていると考えることができます。

さらに、曼荼羅の中には空海の姿も描かれています。密教の祈禱所も描かれています。ということは、14世紀の段階で、伊勢神宮の境内の中で、密教の祈禱が行われていたことになります。現在では、祈禱所は残っていませんが、おはらい町には、「宇治法楽舎跡」という石碑が立っています。この法楽舎が密教の祈禱所にあたります。

大神宮御正体

それに関連して非常に不思議なものがあります。それが「大神宮御正体」と呼ばれるものです。これは展覧会などによく出展されるので、私も何度か見たことがあるのですが、奈良にある西大寺に所蔵されているものです。西大寺は、その名称が示しているように、東大寺と並び称される重要な寺院だったのですが、その後衰えてしまいました。

鎌倉時代になると、叡尊《えいそん》という僧侶が現れて、西大寺を復興し、真言律宗という新しい宗派を創設します。その叡尊には伊勢神宮に対する強い信仰がありました。古代において、僧侶が伊勢神宮に参拝することを伊勢神宮の側は嫌っていたのですが、叡尊はそうした風潮に逆らう形で伊勢神宮に参拝しました。ただ、本殿の前までは進まず、鳥居の手前で読経していました。

そうした叡尊の伊勢神宮に対する信仰が、大神宮御正体に関連していて、そこでは、伊勢神宮の内宮と外宮を、密教で用いられる両界曼荼羅の胎蔵界と金剛界に見立てるということが行われています。

一般の曼荼羅では、仏の姿が描かれるわけですが、この御正体では、それぞれの仏を示す梵字が用いられています。曼荼羅の裏には鏡がはめ込まれていて、それが伊勢神宮のご神体を示しています。密教の世界と、神の世界が裏表の関係になっているわけです。

御正体というものは、さまざまな神社にありました。社殿に、そこに祀られた神の本地仏を銅板で浮き彫りにしたものを掲げておくのです。このように、中世における神仏習合の時代には、神と仏は一体の関係にあり、神社も寺院と強く結びついていたのです。

4　神社の歴史　近世編

日光東照宮と日光社参

近世に入ると、今度は人を神として神社に祀ることが行われるようになります。徳川幕府を開いた徳川家康が亡くなった後、その遺骸は最初、久能山の東照宮に葬られます。ところが、これは家康の遺言にもとづいてのことですが、1年後には日光に日光東照宮が建てられて、遺骸はそちらに移されます。こうして、徳川家康という人間は、死後に神として祀られたのです。

それ以前にも、人間が神として祀られることがありました。ただ、その際には、菅原道真の霊を北野天満宮で祀ったように、祟るから神として祀ったのです。家康の場合には、死後に祟ったわけではありません。徳川幕府を打ち立てた功績があったがゆえに、それを顕彰するために神として祀ったのです。

日光東照宮が生まれると、「日光社参」ということが行われるようになりました。それは代々の将軍が、行列を組んで、日光東照宮に参拝に出向くものでした。それによって、東照宮の重要性を知らしめるとともに、家康を継ぐ将軍の権威を天下に示そうとしたのです。

特に日光社参に熱心だったのは3代将軍の家光でした。家光は祖父の家康を強く慕っていて、将軍であった間に、日光社参をくり返しました。その後も代々の将軍たちは、全員が行ったわけではないのですが、日光社参を行いました。成立当初の徳川幕府は、完全に全国を統治しているとは言えない状態にあったので、将軍の権威を誇示する儀礼的な行為を必要としたのです。

豊国神社の運命

日光東照宮の前身になるのが、家康の前に天下統一を成し遂げた豊臣秀吉を祀る京都の豊国神社になります。秀吉のさらに前には織田信長がいるわけですが、信長は死の直後に神としては祀られませんでした。それは秀吉から始まります。

ところが、秀吉の死後には、家康が台頭し、関ケ原の戦いで勝利をおさめることで、徳川幕府を開きます。そして、大坂の陣によって豊臣氏が滅びると、豊国神社は打ち捨てられた状態になってしまいました。

ただ、それに対して抵抗する動きも生まれました。その時代に、豊国神社のすぐ近くにある新日吉神宮《いまひえじんぐう》で、樹下社《このもとのやしろ》というものが創建されたのです。

秀吉はもともと木下藤吉郎を名乗っていたので、その名にちなむのです。ただ、祭神は、秀吉ではなく玉依姫神とされました。日吉大社には樹下宮《じゅげぐう》があり、その祭神が玉依姫神でした。しかし、樹下社を創建した人たちは、密かにそこで秀吉を祀っていたのです。豊国神社は明治になると再建されました。

信長を祀った神社も、明治に入ってから創建されます。それがやはり京都にある建勲《たけいさお》神社です。船岡山というところにあり、「けんくん」神社とも呼ばれます。

このように、近世の時代になると、功績のあった人物を神として祀ることが広く行われるようになります。

豊国神社

樹下社

伊勢詣の流行

江戸時代の特徴としては、もう一つ、神社信仰が庶民の間にまで広がったことがあげられます。

それを一番象徴しているのが「伊勢詣《もうで》」の流行になります。伊勢神宮は、もともとは天皇家のもので、天皇以外が祈願することが禁じられていました。しかし、時代を経るにつれて、それが次第に緩和されていきます。だからこそ、鎌倉時代の叡尊が伊勢神宮に参拝したりしたのです。それが、江戸時代になると、庶民にまで広がっていきます。

江戸時代に、庶民まで伊勢詣をするようになったのは、それが通行手形を得るためにもっともやりやすい手段だったからでもあります。ただ、伊勢詣をするには、かなりの費用がかかったので、それぞれの地域には「伊勢講」という組織が生まれました。その講員は、金を積み立て、毎年代表が伊勢詣を行ったのです。

伊勢詣を描いた浮世絵を見ると、伊勢講のメンバーが同じ格好をして描かれています。今の時代に、特定の歌手のファンが皆、同じ法被を身にまとっているのと同じです。

そうした浮世絵には犬も登場します。これは「代参犬」と呼ばれるものです、犬が代わりに伊勢詣をするのですが、もちろん、それほど賢い犬はいません。では、どうするかと言えば、犬の首に銭を巻きつけ、それを旅費にして、食べ物などの代金にしてもらうのです。その犬が代参犬だと分かると、沿道中の人々が、犬を伊勢の方向に向かわせました。それによって、参拝をすませ、また飼い主のところに戻ってくるのです。

伊勢詣の中には、「お蔭参り《かげまい》」というものもありました。これは、江戸時代の間に、およそ60年周期で3回起こったのですが、突発的なもので人々は仕事をほっぽり出して、伊勢に向かいました。その際には、大挙して関所に人々が押し寄せてくるので、通行手形も不要になったのです。

伊勢まで行くのは大変だということで、江戸周辺では、相模の国、今の神奈川の伊勢原にある大山に詣でることが行われました。それが大山詣でした。

富士講と富士塚

大山の先に富士山があります。富士山に参ることも、江戸時代には盛んに行われました。富士山に何回登ったかを競う風潮も生まれ、33回、あるいは50回と登った人は、それを記念して富士山麓に石碑をたてたりしました。

富士山に登るときにも、「富士講」という組織を作り、それで集団で登りました。その際には、「御師」という先達がいて、その人が富士山まで案内しました。これは現在でも残っていて、活用もされていますが、富士吉田などには、御師住宅が建てられ、富士講のメンバーはそこに宿泊して、富士山をめざしました。講という組織が数多く生まれたのが江戸時代の特徴で、他にも御嶽山に登る「御嶽講」などが生まれました。

ただ、富士山の場合には、行くだけで大変なので、江戸の街の中には、その代わりをする「富士塚」が造られました。富士山は、江戸時代に噴火をしましたから、その溶岩などを使って、富士山のミニチュア版を築いたのです。富士塚に登れば、富士山に登ったのと同じご利益があるとされました。

富士塚は現在でも残されていますが、そこを登っていくと、途中に何合目とかいった石碑も建っています。それを目にすることで、あたかも本物の富士山に登っているかのような気持ちになっていくのです。富士塚は、明治時代に入っても造られ続けました。

5　神社の歴史　近代編

神仏分離による変化

明治に時代が変わると、明治新政府は当初の段階で、天皇を中心とした国造りを進めようとしました。天皇が直接政治に携わることは、「天皇親政」と呼ばれますが、その方向にむかったのです。

それによって、神道の重要性が高まります。その代わりに、神道と仏教とが融合した神仏習合の事態は好ましくないと判断され、神道と仏教、神社と寺院を切り離す「神仏分離」が行われることになりました。

神仏分離が行われると、民衆の間に自発的な形で「廃仏毀釈《はいぶつきしゃく》」が起こります。これは江戸時代の寺請制度によって、寺院や僧侶が権威のある立場になり、なかには、高圧的な態度をとる僧侶がいたため、それに反発が起こったからです。

これによって、神社の境内にあった神宮寺など、仏教の寺院はほぼ一掃されることになりました。鎌倉の鶴岡八幡宮寺で仏塔などが破壊されたのも、廃仏毀釈によってでした。それは全国に及び、神社と寺院は完璧に分離されることになったのです。

神仏分離によって、神社の光景は一変します。今、神社を訪れても、かつてそこに仏教関係の建物がたっていたことを確かめることができません。宇佐神宮のように、弥勒寺の跡が残っているのはむしろ珍しい例になります。それによって、私たちの宗教生活は大きく変わってしまったのです。

宮中祭祀と皇室関係の神社の建立

一方で、明治になって新たに生まれたものもあります。

その代表が「宮中祭祀」です。江戸城が皇居に改められ、そこに宮中三殿が建てられることになりました。宮中三殿の中心となるのは賢所《かしこどころ》で、そこには天皇家の祖神であるアマテラスが祀られることになりました。他に、代々の天皇や皇族の霊を祀る皇霊殿と、天神地祇《てんしんちぎ》を祀る神殿も合わせて建てられました。

京都の御所には、賢所はありましたが、独立した神社になってはいませんでした。皇居の宮中三殿では、天皇自らが神主役として祭祀を行いました。天皇家の信仰は、江戸時代までは基本的に仏教だったのですが、御所にあった、代々の天皇の位牌を祀る「お黒戸」は、菩提寺になる京都の泉涌寺《せんにゅうじ》に移されてしまいました。天皇や皇族の葬儀も、仏教式ではなく、神道式で行われるようになり、仏教式を望む皇族がいても、それは公式には許されませんでした。

宮中祭祀だけではなく、代々の天皇を祀る神社も創建されるようになりました。京都の平安神宮や奈良の橿原神宮がその代表となるものです。また、現在の天皇家が北朝の系譜の上にあるにもかかわらず、南朝が正統とされ、南朝の忠臣であった楠木正成などを祀る神社も次々と建てられていきました。この場合にも、人がその功績によって神として祀られたわけで、近世のあり方が引き継がれたことになります。

靖国神社の創建

もう一つ、近代における新たな出来事としては靖国神社の創建がありました。もともと幕末の時代に亡くなった志士を祀るために、京都の東山に招魂社が作られたのですが、東京に遷都したことで、九段に東京招魂社が創建されました。それがやがて靖国神社に発展していくことになるのですが、日本が対外戦争に打って出るようになると、そうした戦争での戦没者が靖国神社に「英霊」として祀られるようになっていきました。特に、満州事変から日中戦争、太平洋戦争にかけて、膨大な戦没者が生まれ、靖国神社の祭神の数は、240万柱をはるかに超えることになりました。

それによって、太平洋戦争の敗戦以降、靖国神社の重要性は増すことになりました。戦没者には遺族がいます。遺族は、日本遺族会の組織に結集するようになり、靖国神社を国の施設に戻そうとする「靖国神社国家護持」の運動が盛り上がりを見せていきます。

ただ、その試みは、日本国憲法で規定された政教分離の原則に違反するとされ、実現はしませんでした。その後、終戦記念日における首相の「公式参拝」ということが試みられるのですが、これは周辺諸国の反発を招き、A級戦犯をも祀った靖国神社のことは、常に外交問題となる状況が生まれたのです。

古代から中世にかけては、政治の中心に宗教があり、神社はその点で重要な存在だったのですが、戦後の社会においては政教分離が強く言われるようになり、神社をめぐる状況は一変しました。しかし、神社に対する信仰は今にまで受け継がれ、日本人はそうした神社に祈りを捧げ続けているのです。

第5章

お寺と深く結びついた神社

1　神社と寺院はどう違うのか

神道と仏教

　前の章で神社の歴史について触れた際、中世においては、神仏習合という事態が起こっていたことについて述べました。この章では、その部分をさらに掘り下げて考えていきたいと思います。

　日本における宗教ということになると、神道と仏教という2つの宗教が重要な存在になります。神道は日本に土着の宗教であり、仏教は外来の宗教です。神道がいったいいつから存在するのか、その点は分かりません。縄文時代には、火焔型の縄文土器や土偶が現れ、そこにはその時代の人たちの信仰が示されていると言われますが、それをもって神道が成立したと言えるのかどうか、そこは難しいところです。なにしろ、文献史料がまるでない時代のことですから、縄文時代の人たちが具体的に何を信仰していたかが分かりません。それは、弥生時代、さらには古墳時代についても同じです。

そうした状態の中に、朝鮮半島から仏教がもたらされました。日本書紀には、仏教を取り入れるべきかどうかで豪族間に争いが起こり、それが対立にまで発展したと述べられています。果たしてそれが真実なのかどうか、それも不確かなところがあるのですが、それ以降、次第に仏教の信仰が日本の社会に浸透していったことは間違いありません。

注目されることは、仏教が誕生して以来、日本にそれが伝えられるまで、およそ1000年の月日が流れていたことです。その間に、仏教は進化を遂げ、また変化していきました。明確な教えの体系のなかった原始仏教が、高度な哲学の体系を持つ大乗仏教へと変遷していったのです。そうした最新の仏教が、いきなり仏教についてまるで知らなかった日本にもたらされたのです。

それがいかに衝撃的な体験であったのか、百済の聖明王から仏像を贈られた欽明天皇は、その姿にいたく感動したと伝えられています。その後、急速に仏教が日本社会に広まっていくのも、その衝撃と無関係ではないはずです。高度な仏教を取り入れることで、日本の社会を大きく進化させていきたい。日本人の中に、そうした強い意欲が生まれたのです。

その結果、日本に多くの寺院が建立されるようになり、僧侶も数多く生まれることになりました。神社の方も、前の章でも述べたように、磐座から信仰がはじまったのですが、やがては社殿が建つようになっていきます。そこには、仏教の影響があったはずです。

仏教の礼拝施設が寺院で、神道の礼拝施設が神社です。仏教の聖職者が僧侶で、神道の聖職者が神主になります。

当たり前といえば当たり前ですが、意外とこの辺りを区別するのが難しい部分があり、重なってくるところもあります。その辺りのことを最初に見ていこうと思います。

日光東照宮の東照大権現

神社のシンボルとして鳥居があるわけですが、鳥居のあるなしで神社とお寺を分けて考えれらないこともあります。

日光東照宮は、桃山文化の影響を受けた江戸時代初期の豪華な飾り物で有名です。日光東照宮は神社で、徳川家康を祭神として祀っているわけです。したがって、そこには鳥居があります。石でできた石鳥居があるのです。

日光東照宮と言えば、陽明門が有名です。多くの金箔が貼られていて、実に豪華な山門です。

その陽明門を見ていると、ここは神社ではなく、お寺なのではないかと感じる方もおられるでしょう。山門はお寺の象徴です。神社は鳥居を潜って境内に入り、お寺は山門を潜って境内に入る。それで、神社とお寺を区別することもあるのではないでしょうか。

となると、日光東照宮は神社なのか、それともお寺なのか、そこが問題になってきます。

しかも、日光東照宮の祭神は、「東照大権現」と呼ばれています。それは徳川家康を神格化したものですが、東照大神ではなく、東照大権現とされているのは、どうしてなのでしょうか。

権現という名称は、よく聞くところです。権現の権は仮にということなので、「仮に現れる」というのが権現の意味になります。事典を見てみると、次のような説明がされています。

「仏・菩薩《ぼさつ》が衆生《しゅじょう》を救うために仮《かり》（権）の姿をとって現れること。また、その現れた姿をいう」（日本大百科全書）

何が仮に現れたかと言えば、それは仏や菩薩だというのです。仏が衆生を救うために、日本では神として現れた。そういう存在が権現になるわけです。

どうやらそこに、日光東照宮が、神社のようでもあり、お寺のようでもある秘密があり、東照大権現の本地仏が薬師如来になります。

そのため、日光東照宮の境内には「本地堂」があり、そこには薬師如来が祀られています。さらに五重塔もあります。五重塔は仏塔が発展したもので、もともとは釈迦の遺骨である仏舎利を納めるものです。また、お経を納めた経蔵もあります。

日光東照宮は、神社でもあり、お寺でもある。これは、中世から近世まで続いた神仏習合の時代には当たり前のことでした。それが、明治の神仏分離を経ても、保たれているのです。東照宮を訪れたとき、豪華な建物に目を奪われて、その点には気づかないかもしれませんが、神仏習合の名残が見られるというところで、日光東照宮はかなり貴重な存在なのです。

他にも多くの権現が日本各地には存在しています。春日権現、山王権現、三島権現、熊野権現、さらには愛宕権現などがあります。修験道と深く関係するものとしては、蔵王権現があります。蔵王権現は右手と右足をあげ、左手を腰のところに置く姿で描かれ、山野を跋渉《ばっしょう》する山伏の姿を彷彿とさせるものです。修験道の信仰も、土着の山岳宗教と仏教の密教が融合したところに生まれた神仏習合の一つの形です。

四天王寺に建つ鳥居

鳥居があるお寺の例をあげましょう。大阪には、四天王寺という聖徳太子ゆかりの寺があります。聖徳太子との関係がはっきりしているのは、この四天王寺と法隆寺だけです。他にも多くのお寺が聖徳太子と関係があるとされていますが、それらははっきりしないものがほとんどです。

四天王寺には「大日本仏法最初四天王寺」と刻まれた石碑がたっています。これは、日本に仏教が伝えられてから100年も経たない聖徳太子の時代に四天王寺が建てられたことを意味しています。

その点で、四天王寺がお寺であることは間違いないのですが、そこには鳥居があります。四天王寺の場合、大阪が空襲にあった際に全焼してしまったので、現在の建物は昔のものを再現してはいるのですが、残念ながら、コンクリート造りの近代建築になっています。ですから、今訪れても聖徳太子の時代を思わせるような光景には出会えません。そこが法隆寺とは異なるところです。

四天王寺には、本堂や山門があって、講堂もあり、五重塔も建っています。江戸時代、寛政10年（1798年）の絵図が残っていますが、そこにも鳥居の姿が描かれています。石鳥居で、燃えてしまうことなく、昔のものが残されています。

それは、永仁2年（1294年）に、叡尊の弟子にあたる忍性という僧侶が木造から石に改めたものとされています。鳥居の上部に掲げられた扁額には、「釈迦如来　転法輪処　当極楽土　東門中心」という浮彫になっています。釈迦が仏法を説いたところで、極楽の入口だというのです。

神社の鳥居は、神域と俗界を分けるために建てられるわけですが、四天王寺の鳥居は、現世と極楽とを隔てるために建てられたと考えられます。鳥居としては特異なものになりますが、神仏習合の時代には、お寺に鳥居が建つのは普通の光景でした。

浅草寺と浅草神社

浅草には浅草寺があり、ここは多くの観光客も訪れます。最近では海外から訪れる人がとても多くなっていますが、観光地としてそれだけ多くの人を集める場所は、世界でもほかにないかもしれません。年間3000万人が訪れるとも言われています。

その浅草寺と深いつながりがある神社が浅草神社です。ただ、現在は神社とお寺ということで別々の宗教法人になっています。ですから、浅草寺の境内図を見てみると、右上に浅草神社の境内が描かれてはいるのですが、説明はありません。それでも、境内図を見る限り、両者が一体の関係にあるように思えます。

浅草神社では3柱の祭神を祀っていて、まずは檜前浜成《ひのくまのはまなり》と檜前武成《ひのくまのたけなり》という兄弟です。この兄弟は漁師で、隅田川で漁をしていたときに、浅草寺の本尊である観音像を引き上げたとされます。もう1柱は、土師真中知《はじのまなかち》という僧侶で、浅草寺の観音信仰を広めました。

この3柱の祭神は、浅草寺の創建に密接に関係しているわけですから、浅草寺と浅草神社は深く結びついています。ところが、現在では、その関係が表面的には切れた形になっているのです。

浅草神社宮神輿本堂堂上げ

浅草神社の祭りとして有名なのが三社祭です。三社祭の際には、神輿が浅草寺の境内にまで入り込んでいきます。その神輿には、浅草寺の観音像を発見し、その信仰を広めた3柱の祭神が乗っているわけですから、それも当然の話になります。

さらに、これは一時途絶えていて、近年になって復興された行事なのですが、「浅草神社宮神輿本堂堂上げ」というものがあります。これは、三社祭が行われる前に、浅草神社の神輿を浅草寺の本堂に上げて、そこで一夜を過ごすというものです。本尊と祭神が近い距離まで接近することになります。

こうした神社とお寺の関係が、前の章でも見たように、明治に入ってからの神仏分離によって切り離されてしまいました。そこには、神道を中心とした国家建設をしようとする明治政府の意向が働いていたわけですが、1000年以上続いた神道と仏教、神社とお寺の関係が断ち切られてしまうというのは、今から振り返ってみると相当に乱暴な話です。

よく日本人は、自分たちのことを「無宗教」と言いますが、そのことにも影響しています。明治以前は、日本人全体が仏教の信者であるとともに、神社の信者でした。檀家であり氏子であるというあり方が基本だったのです。

神仏分離が行われて以降も、ほとんどの人たちは、それ以前の信仰を持ち続けました。檀家であり氏子であるということを止めなかったのです。お寺での法要に参列し、神社の例大祭にも参列するということを続けてきたのです。

そうなると、「あなたの宗教は何ですか」と聞かれても、答えようがありません。こうした質問は一つの宗教を選択することを前提としたものですから、神道か仏教かのどちらかを選ばなければなりません。それができないため、無宗教という答えが出てきたのです。その点で、神仏分離という政策は相当に無理なものであったと考えられるのです。

2　都市としての寺と神域

人のための場と神のための場

お寺と神社との関係を考える上で、お寺を「人のための場」として捉え、神社を「神のための場」として捉えてみたらどうでしょうか。

お寺では、僧侶が普段生活をしていて、葬儀も含めて儀式を営んだりします。朝晩にはお勤めも行われています。また、仏教の教えについても勉強をしますし、弟子がいて、修行をすることもあります。

最近の傾向として、僧侶の職は世襲で受け継がれていくことが多くなっていますが、世襲になったのは戦後のことで、それ以前は弟子がお寺を継ぐのが基本でした。

現在でも、世襲ではなく弟子が継ぐ場合があります。私の知り合いの日蓮宗のお坊さんは、在家の出身でしたが、弟子として入ったお寺の後継者となり、住職になりました。そこには息子もいて、檀家の人たちは「弟子とはいえ、何でそんな関係のない奴が住職になるのか」と、当初の段階では風当たりが結構強かったようなのですが、弟子を後継者に選んだ僧侶の方にははっきりとした考えがあり、世襲を選択しなかったのです。その後、檀家の方も新しい住職を信頼して、任せるようになったようです。

明治以降、僧侶は妻帯しても構わないことになりました。それ以前は独身を守ることが原則でしたから、世襲などあり得ないことでした。特に徳川幕府は、僧侶に独身であることを厳しく求めましたから、弟子が継ぐのが当たり前でした。そうした弟子を教育するための場としての役割も、お寺は担ってきたことになります。

一方で、神社の場合は、人のための場ではなく神のための場所です。その点は、神社に人が住んでいないところに示されています。

街の中で僧侶を見かけることはあります。電車に乗っていることもあれば、どこかのお店で会うこともありますし、新幹線で移動していることもあります。剃髪し僧服を身にまとっているので、一目で僧侶であることが分かります。

それに対して、街の中で神主の姿を見かけることはほとんどないはずです。お祭りの時に町内をまわることはありますが、神社以外のところで神主を見かけることはありません。神主は、神社に住んでいるのではなく、別に住まいがあります。神社はあくまで神を祀ることが基本ですから、夜間に神社を訪れても、そこには誰もいません。

都市としての高野山

和歌山にある高野山は金剛峯寺という真言宗の総本山です。高野山は修行の山というイメージがあります。実際そこで修行している僧侶たちもたくさんいて、観光ポスターなどでは、ひっそりとした山奥で僧侶が修行している光景が使われていたりします。おそらく高野山に行ったことがない方は、そういう場所だと思っていることでしょう。

高野山に行く場合には、南海電鉄を使って極楽橋駅まで行き、そこからケーブルカーで登ることになります。電車は次第に山奥に入っていき、その果てにある高野山は深山幽谷の中にありそうな雰囲気が漂ってきます。

ところが、ケーブルカーで山の上に着いてみると、そこにはバスのターミナルがあり、そのバスに乗って町の中に行くことになります。そこからして、深山幽谷のイメージが薄れるのですが、町の中にはお土産屋さんや飲食店があり、居酒屋も軒を構えています。

「あれ、これが高野山なのか。ポスターに描かれていた高野山は一体どこにあるのだろう」

そのような感覚に襲われます。イメージと現実との間にギャップがあるわけです。

しかし、お寺は人のための場所ですから、高野山でも僧侶を含め多くの人たちが生活をしています。僧侶が修行するにしても、その生活を支える人たちがいなければなりません。その点で、世俗の人たちも高野山には多くいるわけです。食堂や居酒屋があっても、少しも不思議ではないのです。

高野山は、その点で小さな都市になっていると言えます。高野山は山の中にあるので、それほど都市としての機能が発達していないかもしれませんが、日本の大規模なお寺は平地にあるのが普通でした。そうなると、「門前町」という言葉があるように、お寺には多くの土地が寄進され、その土地にはさまざまな人が生活するようになりました。そうなると、商売なども行われるようになりますから、お寺が一つの都市を形成することになりました。

浅草の浅草寺もその典型で、門前には仲見世商店街が広がっています。商店街のある土地は浅草寺のもので、それを各商店が借りる形になっています。以前は、建物は東京都のもので、それを安く商店に貸していたのですが、2017年には建物も浅草寺のものになりました。そうなると、宗教法人の土地でも、宗教活動以外の収益事業に使われる形になりますから、固定資産税が課されます。そのため、家賃が一気に値上げされ、それで騒ぎにもなりました。

奈良や京都にある大規模なお寺の場合には、周辺の土地を寄進され、広大な境内を抱えていました。典型的なのは奈良の興福寺の場合で、今の奈良県の土地、昔でいえば大和国ですが、その土地はすべて興福寺のものでした。お寺の傘下にあれば、保護してもらえますし、税金も安くて済んだからです。

そうなると、その土地で経済活動をする人たちが多く集まってきて、さまざまな商売が行われるようになり、お寺の境内は都市となり、商業活動の中心地となっていったのです。お寺も、土地からの収入がありますので、経済力を持ち、金貸しなども行いました。

個々のお寺について見てみても、そこには、庫裏《くり》という建物があります。庫裏は僧侶が生活する場になるわけです。神社には、庫裏に相当する建物がありません。それは、実際に神社を訪れてみれば分かります。それによって、お寺の境内と神社の境内とは、雰囲気や性格が異なってくることになるのです。

春日大社の神域

神社は、神のための場ですから、そこに「神域」が形成されます。神域とは、神が鎮座していて、人が踏み入れることができない領域のことです。

これまでも触れてきた奈良の春日大社の場合、神体山である御蓋山が神域になっていて、足を踏み入れることができなくなっています。春日大社に皆さんが行かれたとき、参道を通って本殿で参拝する形になりますが、そこからさらに奥の方に行ってみると、神域との境になっているところに出会うことができます。

春日大社も、創建された当初の段階では、社殿がありませんでした。「東大寺山堺四至図」というものを見てみると、御蓋山の麓に、四角に囲われた部分があり、そこには「神地」と記されています。『続日本紀』には、717年（養老元年）に「遣唐使、神祇を御嵩山の南に祀る」とあります。これがやがて春日大社に発展し、鳥居や社殿が建てられていくことになったのです。

春日大社がこうした形をとっていたことから、興味深い絵画表現が生まれました。それは、すでに第4章で触れた春日宮曼荼羅の一種なのですが、奈良の長谷寺の支院、能満院に伝わっているものです。

形式は、一般の春日宮曼荼羅と同じで、下に興福寺が小さく描かれ、その上に春日大社の本殿などが描かれているのですが、上半分には、本来なら御蓋山があるはずですが、そこが浄土になっているのです。さまざまなお堂があり、多くの如来や菩薩が描かれています。実に華やかな浄土の光景です。

これは、春日大社の境内、あるいは神体山が神聖な領域であるがゆえに、清浄な地である浄土と重ね合わされたことを意味します。

浄土は仏教の教えにもとづくものですから、興福寺の方にはるかに深く関係しているはずです。ところが、興福寺は人のための場ですから、その境内が神聖な領域にはなり得ません。そこで、神が鎮座する春日大社の境内や神体山が、浄土と見なされることになったのです。この春日浄土曼荼羅は、神社とお寺との違いを考える上で、非常に興味深い事例になっています。

「ない宗教」と「ある宗教」

日本に仏教が正式に伝えられたのは、日本書紀によれば、552年、欽明天皇の時代であったとされます。百済の聖明王から、仏像や経典、さらには仏教を広めることの功徳を強調した文書が贈られたのです。

この年代については、別の説もありはっきりしないのですが、当初の段階で、仏教を受け入れるべきかどうかで豪族の間に争いがあったとされます。

それは「崇仏論争」とも呼ばれますが、蘇我氏は「仏を祀るべきだ」と主張し、物部氏は「日本では神を祀ってきたから、仏という異国の神を祀ると、日本の神が怒り、災いが起こる」と反対をしたと言われています。

この論争についても真偽ははっきりしないのですが、その後、日本は急速に仏教を受け入れていきました。仏教が高度な教えで、仏像なども優れたものですから、日本人はそうした仏教に深く魅了されたことになります。

そこで重要なのは、神道と仏教との性格の違いです。第1章でも触れましたが、神道の方は「ない宗教」として捉えることができます。神道では、それを唱えた人はいないので、教えはなく、したがって教えを記した経典、聖典もありません。教えがないということは、どうやって人を救うのか、その手立てもありません。あらゆることがないのが神道の特徴です。

逆に仏教の場合は、釈迦という創唱者がいて、教えがあり、その教えは膨大な数のお経に示されています。お経には、どうやって人が救われるのか、解脱や成仏といった救いの手立ても示されています。その点で、仏教は「ある宗教」なのです。

もし、神道も「ある宗教」であったとしたら、同じ性格を持つ仏教と対立する面が生まれてきたはずです。ところが、「ない」と「ある」ということで、両者には根本的な違いがあり、ないものがあるものとぶつかり合うことはないので、衝突や対立が回避されました。

そのため、両者は融合し、「神仏習合」という事態が生まれたのです。

「ない宗教」としての神道と「ある宗教」としての仏教が、協力関係を築いた例として、すでに第3章で述べたように、東大寺における盧舎那仏、つまりは奈良の大仏の建立という出来事をあげることができます。

大仏建立は、国家鎮護のためでした。大仏が日本の国家を守り、その大仏を八幡神が支える。そうした関係が、そこに明確に築かれたのです。そのことが、平安時代の終わりから始まる中世の時代における神と仏の関係を規定することにもなっていくのです。

3 神仏習合の時代

神宮寺建立のわけ

神宮寺のことは、第４章で触れました。神社の境内に建てられたお寺が神宮寺です。現在では、神宮寺は存在しません。明治に入る際の神仏分離によって廃止されてしまったのです。

神宮寺が建立された理由についても第４章で簡単に説明しましたが、例えば、多度神宮寺が創建された事情については、『多度神宮寺伽藍縁起並資財帳』という史料に記されています。多度神宮の祭神は、「我は多度の神なり。吾久劫を経て重き罪業を作し、神道の報いを受く」という託宣を下したとされます。

この中にある「神道の報いを受く」という表現が興味深いところです。神と言えば、人間よりははるかに優れた存在であると考えられていますので、報いの結果神になるとは不思議です。

ところが、仏教の教えからすれば、あらゆる存在が生み出されたのは、前世における「業」の結果であり、その神が生まれたのも前世における悪業の結果だとされたのです。そこで神も、仏になる、つまり成仏しようとしており、神宮寺の創建は成仏を助けるものとして期待されたのです。

多度神宮寺伽藍縁起並資財帳では、さらに、「今冀くは、永く神身を離れんがため、三宝に帰依せんと欲す」と書かれています。神の身を脱するために、仏法僧からなる三宝に帰依したい、仏道修行をしたいというわけです。修行する神の姿を描いたものが、すでに述べた僧形八幡神像になります。

僧形で描かれたのは八幡神だけです。他の神が、そのような姿で描かれたことはありません。それだけ、八幡神が重要な存在であったことになります。八幡神は「八幡大菩薩」と呼ばれるようになり、神であると同時に菩薩であると見なされるようになります。

鎌倉時代の日蓮は、中央に「南無妙法蓮華経」の題目を大書した「曼荼羅本尊」というものを数多く描いています。そこにはさまざまな仏や菩薩の名前が記されているのですが、天照大神とともに八幡大菩薩の名も登場します。神はこの2つだけですから、いかに日蓮が八幡大菩薩を重視していたかが分かります。それは、日蓮だけではなく、その時代の特徴でもありました。

本地垂迹説と「法華経」

神仏習合の時代には、すでに述べたように、「本地垂迹説」が唱えられたわけですが、この言葉の背景には、日蓮が重視した「法華経」の影響があります。

「法華経」は全部で28の章からなっています。それぞれの章は「品《ほん》」と呼ばれ、序品《じょほん》から始まって、最後が普賢菩薩勧発品《ふげんぼさつかんぼつほん》になります。

その28品は、前半と後半に分けられ、前半の部分を「迹門」と言い、後半の部分を「本門」と呼びます。迹門の中にある方便品《ほうべんほん》と本門の中にある如来寿量品《にょらいじゅりょうほん》が、もっとも重要であると考えられています。

釈迦は、悟りを開いて以来説法の旅を続け、80歳ぐらいで亡くなるわけですが、「法華経」の教えでは、説法を始めてから40年間にわたって「方便」の教えを説いていたとされます。方便の教えとは正しい教えに導くためのものであって、最終的に「法華経」にのみ真実の教えが示されているというのです。ただ、「法華経」の教えをいきなり説いても、皆が理解できないので、他のお経を説いて、「法華経」が理解できる土台を造ろうとしたというのです。

そこに方便の重要性があります。それを説いた方便品が含まれる前半の部分と、仏が永遠の存在であることを説いた如来寿量品を含む後半の部分のどちらが重要かで、論争がありました。

その点はともかく、この迹門と本門との関係が、神と仏の関係を説明するのに応用され、本地である仏が垂迹したのが日本の神であるとする本地垂迹説が説かれるようになったのです。春日宮曼荼羅も、やはりすでに述べた大神宮御正体も、こうした本地垂迹説にもとづいて造られたものにほかなりません。

法親王と祈禱

本地垂迹説が唱えられることで、神道と仏教、神社とお寺が深く結びつくことになりましたが、古代から中世の時代においては、宗教というものは、日本の社会、あるいは日本の政治において極めて重要な意味を持っていました。

現在では、天皇家の信仰は、第4章でも触れた宮中祭祀に代表されるように、神道であるということになっています。しかし、欽明天皇の時代から、代々の天皇は深く仏教を信仰してきました。そのため、仏教との関係は密接だったのです。

その点は、皇位継承の問題ともかかわってきます。皇位継承を安定した形で実現するためには、その候補となる親王の数が多いほど好ましいわけです。

ところが、親王の数が多いと、今度は皇位継承をめぐって争いが起こる可能性が高まります。事実、そうした争いは頻繁に起こり、それが激しい政争に発展することがくり返されました。

そうした政争を防ぐために、皇位継承の可能性が低い親王の場合に、つまりは天皇の次男や三男になるわけですが、出家して法親王《ほっしんのう／ほうしんのう》になることが行われるようになっていきます。

法親王には2種類あり、すでに親王宣下を受けている場合は「入道親王」となり、出家してから親王宣下を受けた場合には、ただの「法親王」となりました。出家すれば、天皇に即位することは基本的にないので、皇位継承をめぐって争いが起きなくなるのです。

出家というと、世を捨てるというイメージがあります。実際、そういう面があるのも事実ですが、法親王の場合には、出家したのち、仏教界において出世をとげていくことになります。

当時は、天台宗の総本山である比叡山延暦寺が、大きな力を持っていました。したがって、そのトップである天台座主は強い政治力を発揮することになったのですが、法親王が天台座主になることがありました。あるいは、天台宗の有力寺院は門跡と呼ばれましたが、そこのトップに法親王が入ることがありました。公家の場合も同様で、その家を継がない人間が出家し、やはり特定の門跡寺院のトップに立ったのです。

こうした体制が作られることによって、皇族や公家など高貴な家の生まれの人間でなければ、出家して僧侶になった場合、仏教の世界では出世できなくなりました。つまり、世俗の世界は天皇を頂点としたピラミッド型の構造になっていて、仏教界の場合には法親王を中心に同じような構造の世界が形作られたのです。

逆に、高貴な家に生まれたわけではない人間の場合には、出家して比叡山で学び、学僧として優秀と見なされても、仏教の世界で出世はできませんでした。鎌倉時代の宗祖たちは、法然を始め、高貴な家の生まれではないので、やがて比叡山を降り、独自に活動を展開するようになりました。

比叡山や興福寺、あるいは園城寺や東寺の僧侶たちは、国家の安寧をはかるために、さまざまな祈禱や祈願を行いました。平安時代以降、密教が取り入れられてからは、密教の儀式がもっとも重要視され、何か重大な問題が発生したときには、密教の儀礼が盛んに行われました。天変地異が起こったときや、疫病が流行したときにです。こうした問題が起こっても、当時は対策の立てようもありませんでした。そこで祈禱や祈願に頼るしかなかったのですが、鎌倉時代になって蒙古が攻めこんでくる「元寇」が起こった際にも、盛んにそうしたことが行われました。

政治と深くかかわったのは、僧侶たちだけではありません。神社も同様です。神社の場合、朝廷から勅使が派遣され、幣帛《へいはく》が捧げられたのですが、それはやはり国家に重大な危機が訪れたときに行われました。

雨乞いということが、当時は重要なことで、雨の神、水の神を祀る神社に、朝廷は幣帛を捧げました。中世には、「二十二社」の制度も定められ、畿内を中心に、重要な神社に幣帛を捧げ、雨乞いを始め、さまざまな危機に対処してくれるよう祈願することが行われたのです。

比叡山と八坂神社

比叡山と八坂神社の関係で、2024年に非常に注目される出来事がありました。7月に恒例の祇園祭が開かれましたが、「八坂礼拝講」が復活したのです。これは2005年以来になるのですが、祇園祭の際に比叡山の僧侶たちが八坂神社にやってきて法要を営んだのです。

これは、「法華経」を信仰する上で重要な「法華八講」を営むものです。7月20日に、延暦寺から僧侶たちがやってきて、八坂神社の神職が祝詞《のりと》をあげた後に、「法華経」を読経し、「法華経」の教義についての問答をくり広げられました。最後は神職と僧侶が一緒に玉串を供え疫病退散などを祈願しました。祇園祭は、もともと疫病を退散させる御霊会として始まりました。

祇園祭の際に、こうした儀式が営まれたのは、比叡山と八坂神社の間に密接な関係があったからです。

八坂神社は、昔は祇園社と呼ばれていました。現在でも八坂神社で御朱印をいただくと、祇園社と書かれています。八坂神社の御朱印はありません。八坂神社の認識としては、今でも八坂神社ではなく、祇園社なのでしょう。周辺には祇園という繁華街が広がっていますが、祇園は、釈迦が説法を行った祇園精舎《ぎおんしょうじゃ》に由来します。そもそもそこに、神社でありながら、仏教との深い関係が示されています。

八坂神社の始まりは、興福寺の僧侶だった円如が876年に創建した観慶寺という寺でした。本尊は薬師如来で、やがてそこに祇園天神堂が設けられます。

この場合の天神は、菅原道真を祀った北野天満宮の祭神のことではありません。観慶寺の方が北野天満宮よりも古く、天神はただ天の神を意味していました。9

34年には、観慶寺に感神院という子院が設けられると、その立場が逆転して、感神院が祇園社の別当となりました。別当は、神社を管理することになります。祇園感神院は「定願寺」となって朝廷が祈願を捧げるようになります。当初の段階では、興福寺の僧侶が創建したので、興福寺の末寺になりました。

そこに手を伸ばしてきたのが延暦寺です。それで興福寺との間で争いになり、結局のところは延暦寺が勝って祇園感神院は延暦寺の末寺になります。祇園社の方は、延暦寺の守り神である日吉大社の末社になりました。

なぜ延暦寺は祇園社を狙ったのでしょうか。それは、現在の京都市内の広大な土地、東半分にあたる部分が祇園社に寄進されていたからです。延暦寺は、祇園社をその傘下におさめることで、京都を支配しようとしたのです。

祇園社が延暦寺の支配下に置かれるようになると、比叡山のトップである天台座主が祇園社の別当になりました。ただ、実際には、紀氏という一族が執行家《しぎょうけ》という形で祇園社の運営を行うようになりました。紀氏の人間は天台宗の僧侶なのですが、妻帯し世襲する形をとりました。これは、後に浄土真宗でとられたのと同じ形になります。紀氏は、その先鞭をつけたことになります。

平安後期以降には、祇園社の門前に、各地から多数の神人《じにん》、それから社僧といった人たちが集まってきて、商業活動を展開するようになります。それによって、祇園社は経済力を身につけ、集まった金を貸すことで金融活動も展開するようになりました。それによって、京都市中には金が出回るようになり、経済活動は一層推進されることになったのです。

こうした形は、中世のヨーロッパでも見られました。ヨーロッパでは、修道院が経済活動を展開するようになったのです。修道院の場合も、多くの土地を寄進され、それをもとに商業活動が行われ、やはり金融業にまで進出していきました。同時代の日本とヨーロッパで、ともに宗教組織が経済活動を担った点は興味深いところです。

このように、神道と仏教、神社とお寺は、融合しつつ、役割を分担しながら、政治や経済の分野に多大な影響を与えてきました。神社は、たんに人々が祈願するための場ではなく、商業活動が展開される場であり、政治とも深くかかわったのです。

近世に時代が変わると、世俗の権力は、神社やお寺が政治に介入することを嫌い、それを弾圧するとともに規制するようになっていきます。織田信長の比叡山焼き討ちはその代表だったのです。

第6章　なぜ日本人は神社で祈るのか

1　神社とご利益

財運アップの人気神社

一般に使われる利益は「りえき」と読みますが、ご利益だと「ごりやく」と読みます。これは、「仏・菩薩《ぼさつ》が人々に恵みを与えること。仏の教えに従うことによって幸福・恩恵が得られること。また、神仏から授かる恵み。利生《りしょう》」（デジタル大辞泉）と説明されます。

神社に行き、そこで私たちが祈る大きな目的として、ご利益を求めてということがあります。神社によっては、特定のご利益が得られると宣伝しているところもあります。

そうしたご利益にもとづいて、ある神社が脚光を浴び、ブームになることがあります。最近では、日本橋にある小網神社がブームになっています。

ビルの谷間にあるごく小さな神社なのですが、日によっては長蛇の列ができていることがあります。では、小網神社にはどういったご利益があるのでしょうか。

神社側の説明では、「当社は『強運厄除の神さま』といわれている。関東大震災の時は、社殿そのものは罹災したが、当社神職は神体を携え、新大橋に避難し難を逃れた。また第二次世界大戦においては、都心にありながら奇跡的に空襲の被害に遭わずに済んでいる。また、当社氏子の出征兵士は全員生還し復員を果たしたという」と述べられています。

小網神社には「銭洗いの井」があって、そこで紙幣や小銭を洗うと、運気が上がる、財運がアップするとされています。こうしたタイプの神社は、どこでも多くの参拝者を集めています。

もう一つ財運がアップするとされているのが、京都の御金神社です。何しろ、そこには金色の鳥居があるからです。金色に塗られたのは2006年のことで、そこから京都の人気スポットになりました。

もともとは、お金の神ではなく、金属の神を祀っていたのですが、木製の鳥居が老朽化した際に、金色の鳥居が建てられました。鳥居は外気にさらされますから、金の塗装がはげてしまう危険性がありますが、特殊な塗料が使われています。

今では、お金にまつわる神社ということで、資金運用や証券取引などの成功を願う、あるいは競馬や競輪などのギャンブルでの勝利、宝くじの当選などを願って、多くの人たちが参拝に訪れています。

玉前神社の波乗り守

戦前の神社は、国家の機関として、規模の大きなところは、政府から財政的な援助を受けていました。神職も、官吏と同じ扱いで、給与を支給されていました。しかし、そうした体制は、日本が戦争に敗れたことによって、崩壊してしまいます。どの神社も、宗教法人法のもとで、民間の宗教法人となりました。

民間の組織ですから、神社も自らの力で収入を確保しなければなりません。寄付も相当に重要ですが、祈禱や祈願、あるいは授与品の頒布によってお金を集めなければならないのです。土地を持っていれば、その土地を貸して、そこから収入を得ることもできますが、どの神社も土地を持っているというわけではありません。

そのため、授与品のバリエーションを増やそうという試みが、さまざまな神社で行われています。

例えば、千葉県の上総一ノ宮《かずさいちのみや》駅の近くに、玉前神社《たまさき》があります。一ノ宮という駅名は、玉前神社が上総国一ノ宮であることに由来します。

玉前神社を東に3キロほど行くと、海に出ることができます。そこは房総半島の外海なので、サーフィンの名所になっています。2021年の東京オリンピックのときには、そこがサーフィンの会場になりました。オリンピックは無観客で行われたので、多くの観客を集めることはできませんでしたが、近くにはサーファーが移住してきています。

そうしたことから、玉前神社では「波乗守《なみのりまもり》」というものを開発し、それを頒布しています。もちろん、主たるターゲットは、絶好の波に乗りたいと考えているサーファーですが、そのお守りの説明には、「サーファーの安全だけではなく、人生の荒波に耐えて開運の波に乗れる当社一番人気のお守りです」とあります。

なかなかうまいところに目をつけたものですが、玉前神社では、この波乗守だけではなく、さまざまな種類のお守りを頒布し、積極的な姿勢を示しています。玉前神社は、延喜式神名帳にも載っている式内社で、古くから鎮座しているわけですが、なんとか時代の波に乗ろうと、ご利益で参拝者を増やそうとしているわけです。

同様の試みをしている神社は各地にあります。東京の飯田橋にある東京大神宮は、神前結婚式発祥の地として、最近では縁結びのご利益で、若い世代の参拝者を数多く集めています。こちらでも、縁結びのご利益があるお守りが頒布されています。その中には、キティちゃんの「キティ守」など、カラフルで可愛いものが多数用意されています。

2　さまざまな宗教のご利益信仰

仏教のご利益信仰

日本人にとって、仏教は神道とともに親しい存在ですが、仏教の中にもいろいろなご利益信仰を見ることができます。

その一つが、有名な「わらしべ長者」の話です。これは昔話として理解されているかもしれませんが、『今昔物語集』に出てきます。今昔物語集は、実はインド、中国、日本の仏教史の本なのですが、そのために仏教が与えてくれるご利益のことが述べられているのです。

「わらしべ長者」は、観音菩薩のご利益についての話です。

貧しい男が貧乏から逃れたいと、奈良の長谷寺の観音様に願をかけたところ、「寺を出て手に触れたものがあれば、それがどんなものでも大事にしなさい」というお告げを下されます。男は寺を出るとすぐに転んでしまったのですが、転んだ時に偶然一本のわらしべを手に入れます。

そのわらしべを大切に持って帰り、翌朝にわらしべで顔の周りを飛び回るアブを払っていると、子どもから「その手のものが欲しい」とねだられます。男は観音様から授かったものなのでどうしようかと迷いますが、それを子どもに渡すとお礼としてミカンをもらいました。

次には喉の渇きに苦しんでいる高貴な人と出会い、気の毒に思ってミカンを差し出すと、今度はお礼にと反物を渡されます。次には反物を馬と交換しといった具合に話が進んでいき、長谷寺の観音様の絶大なご利益を得ることができたということになっています。

菩薩の中でも観音は一番種類が多く、千手観音、十一面観音、正観音、如意輪観音などがあり、そうした観音菩薩を祀っている霊場もあります。西国三十三所などは観音霊場めぐりになるわけです。

もう一つ仏教のご利益の話を挙げると、久米仙人があります。これも今昔物語集に出てきます。

久米仙人の話は、久米寺という奈良の橿原市にあるお寺がどうやって生まれたかという縁起譚になっています。

昔、久米という男が修験道の聖地である吉野で修行を重ねて仙人となって、飛行の術を身につけました。ところが、修行はしているのですが、煩悩はなかなか消えないもので、ある日若い女が着物をたくし上げて洗濯をしている姿に見とれて、墜落してしまいます。

久米仙人はその女と夫婦になりました。その頃、朝廷は新たな都を作るため人夫を集めていて、久米仙人も駆り出されました。すると、久米仙人の評判を聞いた役人から、「本当に仙人だったら術で材木を運んでみせろ」と言われます。

そこで、久米仙人が1週間おこもりをして祈り続けると、たくさんの材木を工事現場まで飛ばすことができました。その時の褒美によって建立されたのが久米寺ということで、ここでは修行によるご利益が語られています。

仏教の世界では、こうしたご利益についてのさまざまな話が伝えられていて、それが、特定の菩薩やお寺と結びつけられています。こうした話が語られることで、一般の庶民の間にも仏教の信仰が浸透していくことになりました。

道教の護符

中国で生まれた宗教が道教です。道教は日本にも入ってきていますが、中国では道教の信仰が非常に盛んで、代々の皇帝の中には道教を信仰するあまり、仏教を排斥する者も現れました。そうした「排仏」によって、仏教の信仰が衰えることになっていきました。

道教の信仰は、中国に仏教が伝えられる以前からあるものです。道教でご利益を与えてくれるものとしては、「護符」があります。そこには不思議な文字や記号が記されています。日本の神社で配られているお札は大体モノクロで、墨で書かれているものが多いのですが、道教の護符はとてもカラフルです。

日本のお札のルーツも、こうした道教の護符に求められるのですが、やはり中国で生まれた儒教の信仰も日本に入ってきています。それは仏教の中にも取り入れられました。葬儀で用いられる故人の位牌も、もともとは儒教で使われていたものでした。

道教の場合には、護符だけではなくて、儀礼も発達しており、道教の聖職者である道師がそれを営みます。モウモウとお香を焚いて、そこで呪文を唱えるわけですが、そうした儀礼にも多大なご利益があるとされています。

中国では、土着の道教と儒教に外来の仏教が入り混じって、独特な民間信仰が形成されました。こうした信仰は、中国が共産主義の国家になっても、依然として続いています。ご利益を求める動きは、そう簡単にはなくならないのです。

キリスト教の守護聖人

一神教の世界にも、これは当然のことですが、ご利益信仰はあります。それが、すでに述べた守護聖人。

聖人崇敬はカトリック教会や東方正教会で盛んですが、これは、言ってみれば、日本の八百万の神々に相当するものです。

聖人は、もともと人であるわけですが、どういう人物が聖人になるかと言えば、最初は殉教者でした。キリスト教がローマ帝国の中で勢力を拡大していくと、迫害、弾圧を受けることになり、それで亡くなる信者が現れ、数多くの殉教者が生まれました。

そうした聖人に祈ると、奇跡が起こると言われるようになります。イエス・キリストも、新約聖書の「福音書」によれば、病気治しや死人を復活させるなど、数々の奇跡を起こしています。聖人にも同じような力があるとされたのです。

聖遺物に対する信仰

聖人崇敬において重要なのが「聖遺物」です。聖遺物にはさまざまな種類がありますが、中心になるのは聖人の遺骨です。仏教の場合も、お釈迦様が火葬されて骨が残り、それが「仏舎利」として信仰の対象になりましたが、同じように聖人の遺骨が信仰の対象になったのです。

カトリック教会や正教会では、それぞれの教会堂に必ず聖遺物があって、日曜日に行われるミサの祭壇の下に納められました。聖遺物が発する神秘的な力がミサに神聖性を与えてくれるのです。

聖遺物の中には、数々の奇跡を引き起こし、評判になるものも生まれました。そうした聖遺物については、売買の対象にもなりましたし、盗んでくるようなことも行われました。

中世の有名な神学者にトマス・アクィナスという人がいました。スコラ哲学を大成したのです。生前から亡くなれば聖人になるだろうと見込まれていました、そこで、アクィナスが亡くなると、修道院の人たちはすぐに遺体を釜で茹で、骨を取り出して、その修道会に隠してしまいました。

アクィナスはドミニコ会という修道会に属していたのですが、亡くなったのは別の修道会の修道院でした。そこで、ドミニコ会に取り戻されないよう、その修道院では骨を隠してしまったのです。その後、ローマ教皇の命令で、アクィナスの聖遺物はドミニコ会に返却されました。

イスラム教の聖人廟

キリスト教では聖遺物崇敬が非常に盛んですが、イスラム教にも似た信仰があります。イスラム教にも聖人がいるのですが、殉教者ではありません。生前から非常に徳のある、あるいはイスラムの教えに関して非常に詳しい、そういう人たちが死後に聖人として祀られます。

その際に、聖人のお墓、聖者廟が重要になってきます。インドにもそうした聖者廟があります。インドではヒンズー教が広がっているわけですが、イスラム教徒も相当な数がいて、世界で3番目にイスラム教徒の人口が多くなっています。

インドのデリーにあるニザームッディーン・アウリヤーの墓廟は、有名な聖者廟（ダルガー）なのですが、興味深いのは、イスラム教徒だけではなくて、ヒンズー教徒やキリスト教徒など他の宗教の人たちも参詣に訪れることです。インドは多神教の世界ですから、そうした世界の中にイスラム教も位置づけられる形になっています。インドにはたくさんの神々がいて、イスラム教の聖人もその一つと見なされていることになります。

バルカン半島にて

インドにおけるイスラム教の聖者廟は、ご利益を与えてくれるということで、宗教の壁を超えて信仰されているのですが、同様の事例はバルカン半島でも見ることができます。

バルカン半島はギリシャの北の方に広がっていて、地政学的に複雑な地域です。世界で人口第1位と第2位の宗教であるキリスト教とイスラム教がともに広がっており、キリスト教の正教会とカトリック教会、それにイスラム教が混在しています。そういう地域は珍しいのですが、そのために次のような事態が生まれます。

バルカン半島に住んでいる人の中には、金曜日にはイスラム教のモスクに行って集団礼拝を行い、日曜日にはミサがあるのでキリスト教の教会に行ったりするのです、となると、そうした人たちが果たしてイスラム教徒なのか、それともキリスト教徒なのかが問題になってきます。

あるいは、ギリシャの北にあるマケドニアの農民たちは、これは20世紀の話になるのですが、「宗教は何か」と聞かれると、十字を切って、自分はイスラム教徒だが、聖母マリアを信仰している、そういう答え方をするのです。バルカン半島の人たちにとっては、イスラム教とキリスト教の間に区別はなく、ご利益さえ与えてくれれば、それでいいということになります。

日本でも、初詣は神社に行って、葬式は仏教式でやり、クリスマスを祝うことについて、批判的なことも言われますが、そういう事態は日本だけで起こっているのではなく、他の国でも、状況によっては同じような事態が起こるのです。

3　古代から中世のご利益信仰

政治の中心に神仏の信仰があった

日本に話を戻しましょう。

古代から中世の時代にかけて、政治の中心には神仏に対する信仰がありました。これはヨーロッパでも同じで、先ほどの聖人崇敬などが生まれてくるのも同じ時期になります。イスラム教の世界になると、政治と宗教はもともと一体の関係にあり、それが今日にまで続いています。日本やヨーロッパでは、古代から中世にかけて宗教の比重が、今よりははるかに重かったのです。

それも、古代から中世にかけては、政治がまったく無力だったからです。例えば、地震が起こったとします。日本は地震大国で、世界で起こる大きな地震の約

10分の1は日本で起こります。ほかにも、風水害があります。昔は、地震や風水害が起こると、飢饉が起こり、それが疫病の流行に結びつきました。日照りになって、不作になることも頻繁に起こりました。

現代においてなら、さまざまな対策を立てることができますが、古代から中世にかけては、有効な対策を立てることができず、神仏に祈るしかないという面があったのです。

朝廷も公家も、さらにはその後台頭する武家も、皆、政治的な行為として神仏への祈願を行い、そのために、神社やお寺を整備しました。古代から中世にかけては、国家を守るというご利益が期待されていたのです。

大仏造立のご利益

国家を安泰なものにするご利益を期待された象徴が、奈良の東大寺に造られた盧舎那仏という大仏でした。

その建立を発願した聖武天皇は、「大仏造立の詔《みことのり》」を発しています。その中では、国にある銅を尽して像を鎔《とか》し、山を削ってお堂を建てるので、皆、その仲間になって協力してくれれば、国家を安泰にするご利益が得られることが強調されていました。

大仏の建立は国家事業として行われていたわけで、公共事業と言ってもいいかと思います。日本に大仏があることによって国が安定する。それは詔を発した聖武天皇だけではなくて、この大事業に参加した人々、貴族も一般の庶民も同じ考え方を持っていたのです。

鎮護国家というスローガン

その時のキーワードになるのが、「鎮護国家」というスローガンです。日本に急速な勢いで仏教の信仰が取り入れられたのも、それが鎮護国家のために役立つというところがポイントでした。今では仏教の信仰と言えば、個人の救いに力点が置かれるようになっていますが、最初の段階ではあくまで国家を守ることが中心になっていたのです。

仏典の中に、『仁王護国般若波羅蜜多経』や『金光明最勝王経』といったものがありますが、こうした経典は、「護国経典」と呼ばれました。そうした経典では、仏教の教えによって国が安定し栄えると説かれているからです。こうした経典が、古代においては重視されました。

奈良時代に大仏が建立された後、火災や戦乱によって大仏が損傷するという出来事が起こりました。大仏が損傷するということは、国家の安全が脅かされることと同じです。少なくとも当時の人たちはそのように考えました。

したがって、大仏を修復することが政治上の課題となり、朝廷や公家、さらには武家も、それに力を注ぎました。その際には、「大勧進」が任命され、お金を集めることや、修理の事業を担当することになったのですが、それに選ばれたのは、重源や栄西といった、中国に渡った経験がある僧侶たちでした。彼らは、中国で建築技術のノウハウを学ぶとともに、技術を持つ中国の人々と人間関係を結んでいました。

二十二社への奉幣

大仏は仏教の信仰にもとづくものですが、第3章で触れたように、八幡神が大仏の建立を助けたわけですから、神社の信仰ともかかわっています。

中世において、国家が神社の信仰に対して力を入れたのが、二十二社の制度でした。二十二社には、伊勢神宮を筆頭に、石清水八幡宮などの近畿地方にある神社が含まれていますが、国家に重大な危機が訪れたとき、それは天変地異や疫病になりますが、朝廷が特別に奉幣を捧げた神社が二十二社でした。

二十二社の前身となったのが十六社で、だんだんと数が増えていきました。十六社以前には、祈雨、つまりは雨乞いという面が重視されました。雨が降らなければ作物が取れないわけですから、大変なことになります。雨乞いのため、78

8年に伊勢神宮を始めとする有力な神社に奉幣を捧げたのが最初でした。

810年から824年まで続いた弘仁年間になってくると、奈良県にある丹生《にう》川上神社と京都にある貴船《きふね》神社には水の神が祀られていたので、この2つの神社に対して祈雨が行われました。反対に、あまりにも雨が降りすぎたときには祈晴が行われました。

898年になると十六社に対して奉幣が捧げられるようになります。そこに含まれたのが、伊勢神宮、京都の石清水八幡宮、上賀茂神社、下鴨神社、松尾大社、平野神社、伏見稲荷大社、平安京へ遷都される前、長岡京が作られたときに創建された大原野神社、奈良に古代からある大神神社、石上神宮、大和神社、春日大社、廣瀬大社、龍田大社、大阪の住吉大社、それに丹生川上神社と貴船神社でした。最終的に北野天満宮と日吉大社などが加えられて二十二社になりました。

貴船神社と丹生川上神社

京都の貴船神社は、今は立派な神社になっていますが、もともとは上賀茂神社の摂社で、上賀茂神社の神職が貴船神社に赴いて祭祀を行っていました。貴船神社は、山の中の不便なところにありますから、そうした形がとられたのです。

それは、丹生川上神社についても言えます。

丹生川上神社は奈良の吉野郡の山中にあり、現在は上社、中社、下社の3つに分かれています。そこは延喜式神名帳に出てくる式内社なのですが、不便な場所にあるため、時代が経つにつれて、その所在がわからなくなってしまいました。

3つの神社のうち、どれが本来の丹生川上神社なのかは、江戸時代から論争もありましたが、現在では中社がそれに該当するものと考えられています。

そうしたことが起こったように、丹生川上神社は、相当に不便な場所にあります。現在でも、交通機関としては、バスもあるようですが、その地域に住んでいない一般の参拝者は車で行くしかありません。

昔は、車などないわけで、徒歩で行くしかありません。勅使が丹生川上神社まで行って、奉幣を捧げるのは相当に大変なことだったのではないかと推測されます。そのため、勅使を案内したのが、日頃、丹生川上神社を管理していた大和神社の神職でした。

大和神社は、戦艦大和にゆかりがある神社です。戦艦大和では、大和《おおやまと》神社の祭神が神棚に祀られていたとのことで、大和神社の境内には戦艦大和の石碑があります。

大和神社の歴史は古く、その祭神である日本大国魂大神《やまとおおくにたまのおおかみ》は、最初、アマテラスとともに宮中で祀られていたと言われます。ところが、疫病が起こり、その原因は2柱の神を天皇の近くに祀っていることにあるとされ、それで、大和神社に祀られるようになったのです。

その点で、大和神社は由緒ある古社になり、日本大国魂大神は奈良の地主神になるので、丹生川上神社の管理も任されることになったものと考えられます。

雨乞いをするときには、馬が奉納されました。雨乞いをするときには黒い馬を奉納し、雨を止めてほしいときには白い馬を奉納するのがしきたりになっていました。それがやがては絵馬にかわるわけで、巨大な絵馬が奉納されている神社は各地にあります。

今では、それぞれの神社で参拝者は小さな絵馬に願い事を書いて奉納することになりますが、本来は馬を奉納するのが正式なやり方だったのです。

4　近世以降のご利益信仰

庶民への信仰の拡大

朝廷や公家、武家といった権力者が神仏に頼ったことは、その後に大きな影響を与えました。

神仏に頼ったため、お寺や神社が数多く建設され、しかも相当に立派なものに発展していきました。それは、広大な敷地を持つ伊勢神宮を見れば分かります。他にも日本各地には、壮麗なお寺や、深い森を持つ神社が次々と創建され、しかも、そこにある本堂や社殿は、豪華なものになってきました。

そうしたものが生まれていたからこそ、庶民もその恩恵を被ることができたのです。庶民には、東大寺のような立派なお寺を建てる経済力はありません。それは権力者にしかできないことです。これは、日本にだけ言えることではなく、世界中に言えることです。

中世の時代が終わりを告げようとしていた段階で、戦国時代が訪れます。各地に戦国大名が現れ、長い間にわたる戦いが続きました。それまでは都のある中央が政治の中心でしたが、地方も経済力をつけ、それが争いを生む原因になったのではないでしょうか。

その中から、織田信長や豊臣秀吉という天下人が現れて、天下統一という事業に乗り出します。最終的には徳川家康がその事業を完成させ、徳川幕府が誕生することになるのですが、その前の段階では、検地や兵農分離が行われ、農民から武器が奪われ、武士は都市に集中して住むようになりました。

徳川時代になって、「鎖国」が行われたのかどうかについては学界で議論がありますが、南蛮貿易などは莫大な収入をもたらすもので、それをそれぞれの地方が続けていれば、やはり地域同士の争いが継続されることになります。だからこそ、秀吉は伴天連追放礼を出し、ヨーロッパの勢力を排除しようとしたのではないでしょうか。

江戸時代になると、「幕藩体制」が生まれます。これによって全国は幕府領と藩による大名領に分割されました。大名領の場合、大名がそれぞれの地域の土地を所有していたわけではありません。大名は幕府からその地域を管理する権限を与えられただけで、土地の所有者ではなかったのです。

大名が土地持ちであれば、経済力を高め、幕府に対して反抗することも可能です。しかし、そうはならなかったため、問題が起これば、幕府は改易という手段を使って、藩を取り潰すことができました。幕府という中央が藩を抑えることで、「徳川の平和」が実現されたのです。

江戸時代がいかに安定したものであったのかは、徳川幕府が２５０年以上にわたって存続したことに一番よく表れています。安定した時代が訪れれば、円滑な経済活動が展開できるわけで、経済力も高まっていきます。その恩恵は庶民層にまで及びました。また、戦乱が去ったことで、旅をする場合の道中の安全、交通の安全が確保されることになったのです。

伊勢詣のことについては、すでに第４章で触れました。これは、江戸時代になってはじめて庶民層にも広まったことでした。あるいは、江戸や大坂などの都市に住む人間も増え、その間では、各種のご利益信仰が発展していくことになったのです。

さまざまなご利益信仰

江戸時代に誕生し、今でも受け継がれているご利益信仰の代表が七福神です。

七福神を構成している存在は、背景がさまざまで、えびす（夷、恵比須）、大黒天、毘沙門天《びしゃもんてん》、布袋《ほてい》、福禄寿、寿老人、弁財天からなっています。大黒天になると、もともとはインドの神で、それが仏教に取り入れられました。そして、出雲大社の祭神である大国主命と習合していきました。福禄寿などは道教の神です。えびすになると、七福神に含まれていますが、単独で信仰されることもあります。えびすという神は、神話の中に登場します。天地開闢が起こると、いろいろな神が現れるのですが、えびすもその一つで、生まれてから何もしないまま消えてしまいます。

その点では、えびすは重要な神ではないはずなのですが、次第にその存在感を増していき、商業や漁業の神になっていきました。

七福神を祀る神社やお寺が生まれるようになると、それを巡る「七福神巡り」

が行われるようになりました。七福神は、それぞれ異なるご利益を与えてくれるとされたので、それをすべて巡ることは、多くのご利益にあずかれると考えられたのです。

今でもお正月に七福神巡りをする方は大勢おられるでしょう。その際に、最近では、「御朱印」を集めることが行われるようになってきました。一般の神社を巡るときにも、御朱印を集める人はかなりの数にのぼります。

御朱印とは、もともと「納経」と関連していました。今は印刷術が発達しているので、その必要もなくなりましたが、昔はお経は書き写すしかありませんでした。写経です。

その分、写経されたお経は貴重なものとされ、それをお寺や神社に奉納することが行われました。特に法華経を写経して、それを納経することが盛んに行われました。もっとも有名なのは、安芸の宮島、厳島神社に平家の一門が納経した「平家納経」です。これは、今でも残されていて国宝に指定されています。

こうした写経が庶民層にまで広がっていくと、全国の著名なお寺や神社に法華経の奉納が行われるようになりました。ただ、全国を旅するのは一般の庶民には不可能なので、「六十六部」と呼ばれる民間の宗教家が現れました。66とは当時の日本の国の数です。六十六部の人たちは、国々をまわって代わりに納経する役割を担うようになり、たしかに納経したという証拠に、それぞれの寺社で納経した印をもらってきました。それが今日の御朱印に結びついたのです。

参道のご利益

近世におけるご利益信仰はさまざまな形で発展していくことになりました。都市にある神社の場合には、例大祭を始め各種の祭が行われ、その際には多くの人が参詣に訪れました。祭のときには、神輿や山車が出ることも多く、それで大きな盛り上がりを見せます。

祭は、神聖な神事ではありますが、芸能が奉納されることもあり、庶民にとっては格好のエンターテインメントの機会となりました。だからこそ祭は今日にまで引き継がれているのです。

ただ、ご利益といっても、本当に効力があるのかどうかが問題になってきます。そこで、最後に、神社が与えてくれる実際的なご利益について説明したいと思います。

私は最近では、神社巡りが健康法として役立つのではないかと考えています。というのも、健康法としては歩く、今風に言えばウォーキングが重要ですが、神社巡りは、自然とこのウォーキングに結びつくからです。

神社には参道というものがあり、かなりの距離を歩いて社殿まで行かなければなりません。つまり、歩かなければならないわけです。日本で一番長い参道は大宮の氷川神社にあります。

全長が2キロです。京浜東北線のさいたま新都心駅から少し北へ行ったところから参道が始まり、氷川神社の社殿まで続いていきます。神社のそばには大宮公園もあります。全長2キロを往復すれば4キロになり、1時間はかかるわけですから、氷川神社に参拝するだけで、かなりの距離を歩くことになります。

鎌倉の鶴岡八幡宮も参道は1・8キロ続きます。鎌倉駅を出て、最初に出会う鳥居が二の鳥居で、一の鳥居はその南にあります。一の鳥居から鶴岡八幡宮の社殿までが1・8キロです。

この参道は段葛という仕掛けがあって、二の鳥居のところからは参道が高くなっています。これは、土砂が入ってこないための工夫なのですが、もう一つ、道幅にも工夫があります。社殿に近づいていくと、次第に道幅が狭くなっていきます。これは遠近法を利用したもので、社殿を実際よりも遠くにあるように見せるのです。

伊勢神宮の場合も、境内が広大ですから、正宮に参拝するにはかなりの距離を歩かなければなりません。

境内は高い木々に覆われていますから、森林浴をしているのと同じ効果を得ることができます。皆さんが神社巡りをしてみたいと思うことがあるのも、それが深く関係していることでしょう。緑に接するだけで、私たちは癒され、ストレスも解消されていくのです。これほどのご利益もありません。

長い石段

神社巡りが健康法に結びつくのは、参道だけではありません。石段があるのも、足を鍛えることに自然と結びつきます。

例えば、東京の港区には愛宕神社がありますが、そこには相当に険しい石段があります。神社は愛宕山の上にあり、この山は自然の山としては東京23区ではもっとも高い山なのですが、石段は86段あります。傾斜が約40度なので、下からは見上げるような高さになります。それは男坂で、別に勾配が緩やかな女坂もあります。

この石段を舞台にした講談が「出世の石段」です。それは徳川家の3代将軍家光にまつわる物語です。愛宕神社をたまたま通りかかった家光は、家臣に対して「誰かこの石段を馬で登ってみないか」と呼び掛けたのですが、誰もそれに応じようとはしません。

そのとき、四国丸亀藩の家臣であった曲垣平九郎という男がいて、果敢にも馬で石段を登ることを試み、見事、境内で咲き誇っていた梅を取ってきて、それを家光に献上しました。これによって平九郎は、家光から「日本一の馬術の名人」と讃えられたというのです。

石段を馬で登った話は、講談の創作のようですが、平九郎という人物は実在していました。その後、講談に影響されてでしょうか、実際に愛宕神社の石段を馬で登った人間は何人か現れました。

長い石段がある神社は少なくありません。江ノ島にある江島神社は、1300段を超えます。四国のこんぴらさん（金刀比羅宮）になると、本宮まで行くのに785段の石段を登らなければなりません。さらに、奥社まで行くと583段あり、全部で1368段になります。

石段としてもっとも長いのは出羽三山の一つ、羽黒山にある出羽神社で、こちらの石段は2446段もあります。

磐座を求めて

私は、まだ出羽神社の石段には挑戦したことがありませんが、神社の原型である磐座を求めていくと、けっこう険しい山道を行かなければならないことがあります。

その代表が、二十二社の一つである日吉大社の金大磐です。日吉大社は古くからある神社で、比叡山延暦寺の守り神としての役割を果たしてきましたが、東本宮と西本宮という2つの本殿があります。その境内にもいくつも磐座があるのですが、奥宮にあたるのが金大磐です。

金大磐に行くには山道を登らなければなりません。さほど急というわけではないのですが、地面が岩になっているようで、登るのに相当に苦労します。登っていくと、琵琶湖を一望できたりはするのですが、かなり大変です。

金大磐には、しめ縄も張られていて、それが神聖なものであることが示されています。おそらく、日吉大社の信仰は、この磐座から始まったのでしょう。その手前には、桃山時代に建てられた牛尾宮と三宮という2棟の神社の社殿がありま す。清水寺の本堂のように、それは懸造になっていますが、よくぞ山の中にこんな建物をたてたものだと感心します。そこまで登るのが大変だということで、麓のところには、この2つの神社の遙拝所も設けられています。

他に磐座を求めて登るのにうってつけなのが、これまで何度か触れてきた奈良の大神神社です。大神神社は現在でも本殿がないことで知られていて、拝殿だけがあります。ご神体になっているのは三輪山という神体山で、拝殿から三輪山を拝むような形になっています。現在、この三輪山には登ることができるようになっていて、山中にある磐座を拝むことができますが、登り降りで3時間はかかりますから、かなり足腰が鍛えられます。

もう少し気軽なところでは、伏見稲荷大社の稲荷山があります。こちらは、標高が三輪山の約半分なので、その分、2時間くらいで登り降りができます。途中には、伏見稲荷大社の名物である千本鳥居がありますし、個別の神を祀った「お塚」があります。お塚は数千基以上あります。

稲荷山にも、劔石という磐座があります。平安時代には、伏見稲荷大社の稲荷山に詣でることが盛んに行われていました。そのことは、すでに触れました。

このように、神社はさまざまなご利益を与えてくれる場所になるわけで、そこに神社の信仰が今日にまで受け継がれてきている理由があります。

現代は科学の時代で、神や仏に頼るなどということは非科学的なことと考えられてます。現代においては、先進国で宗教離れという事態が進行しているのも、そうしたことが関係しています。

昔は医学にさほど強い力はなく、病気を治すことができませんでした。しかし、現代では、医学は発達し、これまで治すことができなかった病を克服できるようになってきました。

けれども、医学に期待するということは、とかくお医者さん任せになってしまい、病気を抱えた本人には、することがないという状況も生まれます。

そうしたときは、これまで私たち日本人がずっと行ってきたように、神や仏に頼るしかなくなります。特に神社は、祈るための施設ですから、そこへ出向いて、さまざまなことを祈ることができます。

祈ることによって、将来に対する希望がわいてくることもありますし、自分の気持ちをはっきりさせることもできます。祈りという手立てがないと、案外、そうしたことは難しいのです。

まずは、神社の拝殿の前で手を合わせ、祈ってみてください。そこからは、それまでとは違う生活が始まるかもしれないです。

おわりに

　ここまで、神社について、さまざまな側面から見てきました。

　私たち日本人は、古代から、それもいつかは分からないはるか昔から、神社とかかわりを持ち、そこで祈りをささげてきました。

　現代においては、科学も発展し、その分、宗教は力を失ってきています。ところが、神社に関して言えば、最近になればなるほど、内外から大きな関心を集めるようになってきたように思えます。

　それも、神社が自然と深く結びついていることが重要な要因になっているのではないでしょうか。本文の中でも述べましたが、そうした宗教施設は他にありません。

　神社の建物自体は人工的なもので、建築物の一つですが、その境内には鎮守の森など自然が広がっています。祀られている神にしても、山の神や海の神など、自然を象徴するものが少なくありません。

しかも、神社の背後にある神道の信仰は、「ない」ということを特徴としていて、他の宗教にあるような強制力を発揮するものではありません。厳しい戒律があって、それに従わなければならないということが、神道の場合にはいっさいないのです。それも、現代では大きな魅力になっています。

その点で、神社は、とても貴重な存在です。私たち日本人は、神社を古代から現代にまでずっと守り続けてきました。そのあり方は、歴史とともに大きく変化してきましたが、神社信仰は私たちの暮らしの中にしっかりと根づいています。その価値ははかりしれないものなのではないでしょうか。だからこそ、現代の私たちも神社で祈ることを辞めたりはしないのです。

なお、本書は朝日カルチャーセンター新宿教室で行った「神社と日本人」をもとに、大幅に修正加筆したものです。

●著者プロフィール

島田 裕巳（しまだ・ひろみ）

1953年東京生まれ。作家、宗教学者。76年東京大学文学部宗教学科卒業。同大学大学院人文科学研究科修士課程修了。84年同博士課程修了（宗教学専攻）。放送教育開発センター助教授、日本女子大学教授、東京大学先端科学技術研究センター特任研究員を経て、東京通信大学非常勤講師。著書に『帝国と宗教』『「日本人の神」入門』（講談社現代新書）、『浄土真宗はなぜ日本でいちばん多いのか』『葬式は、要らない』（幻冬舎新書）、『なぜキリスト教は世界を席巻できたのか』（扶桑社新書）、『［増補版］神道はなぜ教えがないのか』（育鵬社）、『教養として学んでおきたい仏教』『教養として学んでおきたい神社』『教養として学んでおきたい古事記・日本書紀』『宗教戦争で世界を読む』（マイナビ新書）などがある。

※19ページ、31ページの図はパブリックドメイン

マイナビ新書

なぜ日本人は神社で祈るのか

2025年1月31日　初版第1刷発行

著　者　島田裕巳
発行者　角竹輝紀
発行所　株式会社マイナビ出版
〒101-0003　東京都千代田区一ツ橋2-6-3 一ツ橋ビル2F
TEL 0480-38-6872（注文専用ダイヤル）
TEL 03-3556-2731（販売部）
TEL 03-3556-2738（編集部）
E-Mail pc-books@mynavi.jp（質問用）
URL https://book.mynavi.jp/

装幀　小口翔平＋青山風音（tobufune）
DTP　富宗治
印刷・製本　中央精版印刷株式会社

ISBN978-4-8399-8776-3

Printed in Japan